U0502765

员工没干劲
团队怎么带

 こうして社員は、やる気を失っていく

懂 人 心 的 领 导 者 , 才 有 人 愿 意 追 随

[日]松冈保昌 —— 著　张文慧 —— 译

中国科学技术出版社
·北 京·

Koshite Shainha Yarukio Ushinatteiku by Yasumasa Matsuoka, ISBN: 978-4-534-05921-5
Copyright © Yasumasa Matsuoka 2022
Original Japanese edition published by Nippon Jitsugyo Publishing Co., Ltd.
Simplified Chinese translation rights arranged with Nippon Jitsugyo Publishing Co., Ltd.
through The English Agency (Japan) Ltd. and Shanghai To−Asia Culture Co., Ltd.
Simplified Chinese translation rights © 2024 by China Science and Technology Press Co., Ltd.
All rights reserved.
北京市版权局著作权合同登记 图字：01-2023-5059。

图书在版编目（CIP）数据

员工没干劲，团队怎么带 /（日）松冈保昌著；张
文慧译 . — 北京：中国科学技术出版社，2024.4
ISBN 978-7-5236-0527-1

Ⅰ . ①员… Ⅱ . ①松… ②张… Ⅲ . ①企业管理—团
队管理 Ⅳ . ① F272.90

中国国家版本馆 CIP 数据核字（2024）第 042312 号

策划编辑	何英娇	责任编辑	何英娇
封面设计	东合社	版式设计	蚂蚁设计
责任校对	张晓莉	责任印制	李晓霖

出　　版	中国科学技术出版社
发　　行	中国科学技术出版社有限公司发行部
地　　址	北京市海淀区中关村南大街 16 号
邮　　编	100081
发行电话	010-62173865
传　　真	010-62173081
网　　址	http://www.cspbooks.com.cn

开　　本	880mm×1230mm　1/32
字　　数	138 千字
印　　张	7.5
版　　次	2024 年 4 月第 1 版
印　　次	2024 年 4 月第 1 次印刷
印　　刷	大厂回族自治县彩虹印刷有限公司
书　　号	ISBN 978-7-5236-0527-1 / F·1210
定　　价	59.00 元

（凡购买本社图书，如有缺页、倒页、脱页者，本社发行部负责调换）

你为什么要买这本书？

莫不是因为看到书名叫《员工没干劲，团队怎么带》，想要了解其中的缘由，才买下这本书？当你阅读并利用本书的知识后，公司是否会变成像后文中所讲的那样，能让员工主动工作、员工干劲十足的"强大公司"？

要想让公司变成这样，我们首先要找出让员工懈怠的主要原因。

那么员工会在什么时候失去对工作的热情呢？

接下来，本书将以个别发展疲软或离职率高的公司中的现象为例，为各位讲解相关的应对措施。

该做什么方面，公司间都有共通的地方。

正因如此，公司需要知道在什么情况下员工会失去干劲。否则，就算采取再多的行动也会收效甚微。当了解了其中的缘由后，公司一般会想办法去补救并推行相关措施，之后职场氛围才会明显地改变。

我曾在瑞可利①担任企业人力资源顾问，在迅销公司②担任执行董事人力资源总监，在软银公司担任品牌战略室主任。之后我独立创办了自己的公司，如今是一名经营顾问和企业人力资源顾问。

在为多家公司提供管理和改革建议的过程中，我看到许多公司都存在一个问题，直白地说就是"有太多的管理层和领导只凭直觉和经验来管理人"。

经验固然重要，但管理者进行人员管理的时候，也需要有理有据，了解相关心理学和员工的劳动意识倾向，并能将之转化为工具并熟练运用。因此，可以说人事管理是值得我们去学习的一项实用技能。

本书包含适合所有管理者学习的心理学知识，以及如何

---

① 瑞可利：瑞可利集团，英文名为 Recruit Holdings，是日本最大的招聘机构，也是全球领先的综合人力资源服务商。——译者注
② 迅销公司：日本的零售控股公司，持有优衣库、GU 等品牌的知名服装公司，是亚洲最大的服装公司。——译者注

在现实中灵活运用这些知识、如何从过来人的经验中汲取智慧和诀窍来顺利推行措施的方法。

为了与现实中公司和部门的情况更好地联系起来，书中还加入了许多上司和下属的真实对话、具体事例以及改善对策。这些事例都是很好的反面教材。

尽管这些事例都是以真实故事为原型的，但为了让大家更容易理解问题出在哪里，书中的一些案例在表达上会略显夸张。同时为避免因特别针对个别公司，而引起不必要的误会的情况，全文对案例内容的描述进行了模糊化处理。

此外，本书还从"公司"和"个人（员工）"两个角度出发，进行观点阐述，这也是本书的特色之一。

现在的我不仅在做管理咨询和企业人力资源咨询的工作，还在从事职业规划咨询的工作。

作为一名职业规划顾问，我会负责进行个人的职业规划面谈。因为我还拥有"一级职业咨询技师"和"职业咨询协会认证主管"资格证书，所以也会指导和培养一些职业顾问人才。

同时，我还为一个名为"自助职业码头"的公司提供内部职业机制的规划帮助。

也就是说，我在从事一项让公司和个人实现双赢的工作。让公司变好，成为不断适应时代潮流变化的大公司；让个人变好，使个人能够积累经验，开创属于自己的事业，活出属于自己的生活。

在这种情况下，我想传达的一个本质主题是，希望领导和员工通过对话和广泛意义上的交流来实现相互理解，并在建立信赖关系的基础上开展业务。

还有一点是希望各位不要忽视职场中那些影响员工工作干劲的问题，并懂得审视自家公司的文化和职场环境。

本书的第 1 章以《企业间的实力差距，是影响员工积极性的起因》为题，对不提高每位员工的工作积极性，企业就无法在外部环境变化剧烈的时代下生存的问题进行了思考和探索。

企业能否适应变化，关键在于"员工的主动性"，还有"当事人意识"。如果员工处于被动的工作状态，不愿主动去思考，又岂能创造出新的价值呢？

第 2 章的题目为《"让员工失去干劲的上司"共有的 10 个问题及改善对策》，该章介绍了上司和员工日常工作中常见的问题和应对方式，并再现了令员工逐渐失去干劲的工作场景，用通俗易懂的方式说明了应对措施。

第 3 章为《"组织逐渐疲软的公司"共有的 15 个问题和改善对策》，重点关注了职场中容易出现的问题，并介绍了因环境和制度导致员工失去干劲的案例。

该章中介绍的案例不仅有上司与员工的一对一对话，还包括公司结构性的问题，并就该如何处理这类问题进行了说明。我在这部分也加入了许多具体事例，可能会让一些读者在阅读的过程中不禁心里咯噔一下，暗想这不就是我遇到的职场问题吗？

第 4 章以《随着员工的改变，公司也跟着改变——基于"组织心理"的管理》为题，介绍了管理者需掌握的基于心理学的改善对策。前三章里出现的与心理学相关的、比较重要的内容，也在此章中与新内容整合在一起。

如能掌握好第 4 章的概念，相信对从事管理工作的读者朋友们在进行日常的人事管理和组织运营上会有非常大的帮助。

若各位在翻阅此书后对心理学产生兴趣，还请试着运用你的大脑和真心与员工相处。因为不懂人心的经营者、管理者和领导是不会有人愿意追随的。相反，倘若能够与员工共情，员工就会自己行动起来，让公司变得更好。

如果你是一名经营者，请让你公司的全体管理者不要错过此书；如果你是一名管理者，请务必将此书推荐给其他管理者；即使不是管理者，各位也可以在以前辈的身份指导后辈时，运用本书中的知识，这是一本值得推荐给同事们阅读的好书；如果你从事的是人事方面的工作，请将此书当作教材来培训新任的管理者或经理，从而为公司提供所需的通用语言和概念。

总而言之，要想激发员工的工作积极性，就先要将公司里"不能做的事"和"最好要做的事"列举出来，并将之制定成公司的标准。

定下制度后，就要营造一种在公司再次发生此类问题时，员工敢于指出问题的新的职场氛围。因为在确立了新的公司制度后，员工就有了共同的职场语言，所以在提醒他人的瞬间，对方就能很快意识到问题。

俗话说"金无足赤，人无完人"。有时候我们会在不经意间犯错误。这时就需要身边的人大方地指出我们的问题，让我们能够有机会认识到自己的错误。

你无须将此书从头看到尾，根据标题挑选感兴趣的内容阅读也可以。因为能引起你注意的标题，其中描述的内容很可能就是你在职场中遭遇过的事情。所以各位可以从感兴趣的章节开始，细细品味本书的内容。

也希望此书能帮助各位建立一个朝气蓬勃的公司。

目　录
CONTENTS

第1章

企业间的实力差距，是影响员工积极性的起因

"有无干劲"不是个人的问题，而是职场的问题

企业实力差距扩大的时代

虽说能不断跟随时代潮流变化的公司和不适应时代潮流的公司，两者之间的实力差距很大程度上取决于经营者的判断力，但有时会有明明没有重大的决策失误，企业间的实力差距却慢慢拉大的情况。尤其是在外部环境变化剧烈的当下，这种倾向越发明显。

其实，**造成这种实力差距的原因大多是不同企业间的员工工作干劲之差**。

外部环境变化的影响首先体现在一线工作当中。**当这种变化萌芽时，需要员工拥有捕捉变化苗头的敏感度，然后主动向上级报告，并勇于为抓住这一新市场需求去挑战新事物**。而一旦员工在上述的任何一环中失去干劲，就无法把握住变化，最终让公司错失良机。因此，企业间的实力差距，归根结底是员工工作积极性的差距。

员工是否有工作的热情在于职场

大多数人会误认为员工是否对工作有热情是个人的问题。当然这种说法也有一定的道理，可在更多的时候，这是由职场问题造成的。职场氛围既可能会激发员工的工作积极性，也可能会打击员工的工作热情。

各位可以仔细回想一下。无论是谁，在成为新员工的第一天，都是既紧张又满怀着对今后的社会生活和工作的期待的吧？

但是，随着时间的流逝，那种澎湃激动的心情便逐渐淡化，变成只要到周一早上就会郁闷地想："又到了开始'搬砖'的一周了""还有继续干下去的意义吗？"

估计这时，领导又会训斥道："拿出点儿干劲来""你好好想想吧，你得主动点儿"。

被批评一通后，员工就容易产生自我怀疑，认为自己之所以提不起干劲，都是因为个人的问题（懒）。

失去干劲已成为日常

可能很多人会认为，提不起干劲是因为个人不够努力。

但实际上，这也和上司以及周围环境有关系，像是在公司制度、待遇等不利因素的影响下，员工就容易失去对工作的

热情，而这样的例子并不少见。

当员工满怀期待地参加新人欢迎会，在询问公司为什么会选择自己时，领导的回答其实会触动员工的内心。

"这个嘛，反正公司也不会马上给你涨工资，所以一开始工作不用那么卖力。"领导的这句宽慰话，本是想让初来乍到的新人不要感到有压力，但无意间却否定了员工的努力。

在忙碌的每一天中，员工总会被领导指示着干各种各样的工作，慢慢地，内心便会对上司和前辈积攒下诸多不满。

一些员工努力地提高自身业绩，可最终得到的评价和待遇却与业绩差的同期生相差无几，这也会让员工失去对工作的热情。

实际上，在我们的日常生活中，到处都会发生上述这样令员工失去干劲的事情。原因是否简单的是"这么点小事就失去了干劲，你的抗压能力太差了"呢？**倘若员工因为受到周围人和事的影响而失去工作的动力，这也是整个职场的问题。**如果一直不去解决这个问题，公司内部很可能会出现许多工作没干劲的员工。

2　击中要害，才能提高员工的工作热情

提高员工工作积极性的正确步骤

众所周知，员工的工作热情是提高生产率的必要条件。因此，市面上已有许多书籍讨论了提高员工工作热情的相关研究和应对措施。

但我认为在此之前，更重要的是要知道如何保持员工的工作热情。

如前所述，员工工作的积极性会受到周围的环境和人际关系的影响，所以消除打击员工工作热情的因素，便能提高员工的工作积极性。

人会在什么情况下失去干劲？

曾经充满干劲的人也有失去干劲的时候。

这可能是由于周围人的无心之言、个人价值得不到公司的充分认可、无法接受上级对自己的评价等。归根结底，是由公司"无心"的管理制度导致的。

有些公司声称"自家公司很重视员工"，但在实际的管理中，很多时候公司只着眼于一堆必须完成的"事（任务）"，而忽视了眼前为之努力的"人（心理）"。

许多管理者在内心深处认为，员工不过是为他们完成任务的工具。

因此，本书将着眼于介绍使员工失去工作热情的原因，全面介绍基于人心的解决之策。

首先，我们再来思考一下提高员工工作积极性的必要性。

在没有参考案例的新时代下，"工作时间"与"报酬"不成比例

以"质量"衡量工作成果的时代

曾经日本经济高速增长的时代是以"数量"来衡量工作的。

但是，随着信息技术的发展和数字转型，日本的社会产业结构发生了很大的变化，再加上少子化①导致劳动人口减少。如今，日本社会已经过渡到以"质量"而不是按"数量"来衡量工作优劣的时代。

于是，"如何在短短的劳动时间内提出好的想法，提高生产率"就成了当下企业发展的一大课题。

过去说到生产力的提高，人们大多只着重于消除无用的工作，使工作均质化，从而实现高效工作。

这一步固然重要，但是在新时代下，社会所要求的是在更短的时间内进行高附加值的工作。为此要从创造性的角度打造新品，从而提高生产率。于是，市场便开始需要能够自主思考、自主行

① 该词源自日语，是指生育率下降，造成幼年人口逐渐减少的现象。——编者注

动以及可以创造出新价值的人才，而非只会唯命是从的员工。

企业不仅要提高"工作效率"，也要提高"工作价值"

2018 年，日本通过了《工作方式改革关联法》，并在 2019 年开始逐渐推行开来。该法明确要求企业减少员工的劳动时间、保障劳动者能带薪休年假等。

不过，这些都只是以提高"工作效率"为中心设立的法律内容。除此之外，我认为社会还需在提高员工"工作价值"上做出更多的努力。

而这需要从根本上重新审视劳动者的工作方式，也就是要让每个人都能充分发挥自己存在的价值，从而能让所有人都自觉致力于提高生产力，并以"质量"为导向，创造新的价值，否则，"工作方式"不会得到真正意义上的改变。

于是，一些企业为了应付政策而缩短营业时间，从而减少员工的工作时间。但是这种做法只为企业提供了方便，必然会导致客户不满。此类情况可以说是屡见不鲜，是相当危险的"工作方式改革"。恐怕这些企业的管理层并没有注意到这一问题。

其实，不仅是从事策划、信息技术以及无形智能产品的开发等相关业务的人，各行各业的人都需要能够创造新价值的新工作方式。

在这样的时代下，重要的是要创造一个环境，让每个人都能理解工作的本质，每个人都能独具匠心，并积极地投入工作中。

打造具有工作价值的企业所需的 6 个必要条件

一桥大学的小野浩教授认为："如果把工作方式改革目的化，企业改革结束后，就可能会有既失去目标又失去制度的危险。因此，企业不能局限于眼前的动向，就算工作方式改革的热度过去后，也依然要不断追求工作的价值，并将之具体化。"同时，小野浩教授又从个人角度强调了其中的必要性，他表示："员工能够自由发言，按照自己的意志灵活工作的企业，是能够让员工感到幸福的企业。员工的工作价值和健康度越高，其工作质量和生产率自然就越高，工作方式的改革也就会随之实现。"

"幸福"是指在身体、精神、社会 3 个层面上都满足的状态。包括"工作价值"在内，个人幸福感的状态对工作质量和生产率具有很大的影响。

为此，小野教授列举了 6 个提高工作质量的必要条件：

①信赖与性善说；

②放权与自律性；

③心理安全；

④自主性与可控性；

⑤相关质量；

⑥与成果相对应的报酬。

例如，"③心理安全"是指打造一个让任何人都能安心地说出自己的想法和心情，并能放心行动的职场氛围；"⑤相关质量"是指人与人之间要相互理解、相互尊重，培养人与人之间的信赖关系。是否具备这些条件，是否能拥有一个良好的职场环境，都会对价值的创造产生很大的影响。

有了上述 6 个必要条件，就能最大限度地优化团队的力量。所谓"团队的力量"，不仅仅是物理和身体上的合作，还包括任何人都可以利用别人的想法、技能进行工作的力量。

如果只靠一个人思考，他的力量不会大于 1。仅再增加一个人的话，也只不过是 1+1=2。

有个比较形象的例子，如果一个空间内有 2 个人，就是两点成一线；如果有 3 个人，就有 3 条线，便能形成一个交流圈。而超过 4 个人之后，如果排除重复的线条，就有"$n \times (n-1) \div 2$"条交接的线条，这些交接线就是人与人交流的示意线条。由这一数字的演变可以看出，团队的交流能力会随着人数的增加而成倍提高，因此，形成员工间互相交流的职场氛围便是公司理想的状态。

一家理想的公司，应该能够让全体人员贡献他们的智慧，在相互启发之下，新想法源源不断地诞生。并在不久之后，这些想法汇集在一起，形成新的产品和服务。那么你的公司是否如此呢？

"①信赖与性善说""②放权与自律性""④自主性与可控性"都能让每个人的内心涌现出对工作的热情。因为被人信赖、受人委托，工作上拥有自主决策的权力，这些都是提高员工工作积极性的前提条件。

相反，当人处在一个极其压抑的职场环境下，具体来说，如公司因为不信任员工、生怕员工偷懒或行为不端，就经常监视和怀疑员工，并让员工事无巨细地报告工作，甚至不给员工自主性，一切都是由上级下达指示。在这样的职场中，就容易让员工失去对工作的热情。

员工是只会小心翼翼地等待指示后再被动地工作，还是会自己行动起来，这不仅是员工个人的问题，公司里的领导对此也有不小的影响。

另外，"⑥与成果相对应的报酬"也就是所谓的工资、晋升等报酬或待遇。只有让员工的努力能获得这样的实质回报，并给予他们认真的评价和相应的待遇，才能让他们的工作热情持续下去。

如果没有一套人事机制和制度让公司能够认真地对待每一位员工，给出适当的评价，并给予相应的回报，就会导致人才流失。

因此，我建议各位将上述 6 个必要条件作为提高员工工作质量的核对标准，看看自己所在的公司满足了其中的几个条件。

切断无干劲人群的负向循环

无论好坏，企业都会聚集到符合自身文化的人群

提高员工的工作积极性不仅可以提高公司的生产力和效益，还会影响到公司的工作方式和企业文化。

企业文化有两种力量，一种力量可以在未来的某天把不同类型的人的思维和行动进行同化；另一种力量就像磁铁一般，可以吸引与自身文化类似的人。

在工作质量和生产力高的公司里，员工可以自由发言，按照自己的意志自由行动。这样的公司往往能让员工真切地感受到在公司工作的价值。另一方面，一家工作质量低、生产力低下的公司，多半会让员工感觉"再怎么干下去也感受不到充实"，最终导致公司发展停滞不前，人员疲惫、倦怠，工作的热情降低。

因此，无论好坏，一家公司最终只会留下一群符合自身文化的人。

工作积极性高低不同的公司会走向两极化

员工工作积极性高的公司可以吸引充满干劲的人群，这些人能在面对困难的时候仍以乐观的姿态向前迈进。

反之，员工工作积极性低的公司则会排斥这类充满干劲的人。在这样的圈子里，大多数人会认为这类人在带头内卷，使得周遭的其他人不得不跟上他们的步调，因而令人感到困扰。所以此类干劲十足的人往往会被这样的职场环境所排斥、疏远。

在这样的环境下，就算一个人再怎么努力和干劲十足，他得到的评价也和其他人没有什么差别，他会感到内心空虚，最后选择辞职而去。

因此，这类公司即便不断地招聘工作有热情、积极向上的人，这些人也会干不了多久就选择辞职，或者变得和其他员工一样缺乏热情。如此循环往复之下，公司里的员工终将变得只会被动行事。

在员工工作积极性高的公司和员工工作积极性低的公司里，都聚集有不同类型的员工，最后，这两类公司会出现两极分化，变成"有朝气的公司"和"没朝气的公司"。若公司陷入上述的负向循环，就会很难从中摆脱出来，由此逐渐与其他公司拉开差距。

那么试问贵公司的员工大多是什么类型的人呢？如果各位的公司正陷入上述的负向循环中，建议你们趁早中断这样的循环，并形成正向循环。

为此，就需要了解自己的公司正处于下面的哪种状态。

①"明显处于负面状态的公司"，这类公司做的全都是造成员工工作积极性下降的事；

②"正从负面转变成零和公司"，这类公司正在积极排除让员工失去工作热情的职场因素；

③"从零开始转变成正向发展的公司"，这类公司正在努力着手提高员工的工作积极性；

④"恒定处于正面状态的公司"，这类公司一直用心维护员工高度的工作热情。

上述的发展阶段、努力方向以及成效如何因公司而异。但总而言之，企业首先要考虑怎样不打击员工的工作积极性，然后在此基础上思考如何提高员工的工作积极性，使其朝着正向发展。这将直接影响到企业的实力。

5 公司的强弱在于员工的责任意识

具有责任意识的员工能够主动行动

习惯于自主思考并行动，勇于挑战，并珍视这样的行为的组织通常都有一个共同的特点：他们的员工都具有"主体性"。

这种"主体性"有别于做决定后就率先行动的"自主性"，"主体性"是让人自主思考应该做什么，并采取行动，且对结果负责的一种态度。员工具有这种"主体性"的前提条件就是要具备"当事人意识"。所谓"当事人意识"是指能正确认识自己与事物之间的直接关系。简言之，就是要把一些工作当作是自己的分内之事。这样，员工就会主动处理并解决工作问题。而之所以能产生这种积极、能动的态度，正是因为员工把这些事情当作自己的事情。

通过言谈举止可判断一个人是否具有"当事人意识"

有些员工会不负责任地抱怨："公司都没帮我做什么。"如果在一家公司里，像这样没有"主体性"，没有"当事人意识"

的员工人数比例较高，那么这家公司可以说相当危险。

又如一家公司里认为"自己只是按照公司的吩咐行事，出了错都怪上级"的人较多的话，这家公司也具有相当的经营风险。为什么这么说呢？因为这些员工只会听命行事。在这样的情况下是无法提高公司的生产力的。

实际上，我当顾问的时候，在遇到一些员工大多没有"当事人意识"的公司时，会设计一些培训课程，让这些公司的领导和员工意识到这种情况是相当危险的。

培训时，我会这样开启话题。

"当你看到公司门口有垃圾的时候会捡起来吗？如果这是你自己的公司，我相信你应该会去捡。但是，一家员工完全没有'当事人意识'的公司，员工是不会主动去捡这个垃圾的。虽然这可能有些言之过甚，不过在一家正在不断走下坡路的公司里，员工一般都会对公司门前的垃圾视而不见。

"想象一下，我们一般都会捡起自己家门口的垃圾。公司也一样，没有'当事人意识'的员工，会觉得公司不是自己的所有物，所以不会主动去捡起垃圾。因此，一个员工有没有'当事人意识'可以从这样的小细节中表现出来。"

可能你会认为，捡不捡垃圾不过是件小事而已。但是，举个极端点的例子，如果眼前发生了火灾，没有"当事人意识"的人，顶多会向上司或总务报告说"某处发生了火灾"，但不会去想办法灭掉眼前那熊熊燃起的火焰。

我曾因顾问的工作到访过许多家公司，从一些小事上就能看出某家公司内部运营上存在一些风险预兆。比如，一张旧海报仍然明晃晃地张贴在墙上；门口处的植物已经枯萎了，却没有人去处理它。

按道理来说，员工应该每天都能看到这些问题，但是很多人却视若无睹，或者发现了问题也没有打算去处理。这就是因为员工没有"当事人意识"，自然就不会去关心这些问题。这种小细节就是公司运营的风险预兆。

一个员工有没有"当事人意识"和"主体性"，其实在他进入公司之前就有迹可循。

像在面试的时候，应聘者对于"成长"一词的认识大抵会分成两派。

◆ 一类人会问："公司打算怎么让我成长？"

◆ 另一类人则会问："我想成长起来，不知道公司是否有相关的支援制度呢？"

虽然从字面意思上看，两者没有太大的差别；但是从意识层面来说，两者对成长的理解有很大的区别。指望着别人让自己成长的人，真能得到成长吗？

所谓成长，是自己的事情。没有"当事人意识"，无法进行自主学习的人就无法得到成长。公司只能为这类人提供培训、学习和工作实践的场所。

在同样的面试中，有"主体性"的人则会在被面试官问到他学生时代的兼职经历时，生动地阐述"自己曾做出了怎样的努力，学到了什么。虽然经历过失败，但是也获益良多"等。

另一方面，没有"主体性"的人，会把过往的打工经历当成挣钱的手段，因此在打工过程中也没有怎么努力，使得其在被面试官询问时，多半无法做出深入的回答。

所以说，通过这样简单的交流，便能感受到一个人是否具有"当事人意识"和"主体性"。

缺乏"当事人意识"和"主体性"的公司会发生的事情

一家公司是否具有"当事人意识"和"主体性"，取决于该公司的员工是否强烈地意识到要把自己当成公司的人以及把自己当成经营业务的当事人。

事实上，当员工缺乏"当事人意识"时，公司内就会出现互相推诿工作的情况。例如，员工认为不是自己工作范围内的任务，就应该由其他人来负责。带有这种意识去工作的话，员工之间就会互相推卸责任，因此，公司就无法提高工作质量和生产力。又如，在客户提出要求的时候，没有"主体性"的负责人就会用一句话直接拒绝对方的请求："抱歉，我们这边办不了。"

相反，当有"主体性"的人听到客户的要求时，就会思索"为什么客户会提出这样的要求呢？"并会去询问对方："抱歉，我们这边没法立刻为您解决这个问题，但是方便说一下具体情况吗？"并会在之后告诉客户："公司这边虽然没有先例，但请容我回头跟公司领导商量一下这种情况该怎样处理。"通过这番交流，公司还能获得对今后有用的信息。

如何形成"当事人意识"？

然而，"当事人意识"和"主体性"是无法通过简单的奖励机制的刺激去形成的。这类意识与员工是否跟公司的理念、目标和愿景有共鸣有着很大的关系。

当公司提高了员工对"给客户提供这样的价值"的理念的共鸣程度时，便能让员工感到自己的工作有价值。

比如，当一家连锁店的店长在听闻别家店铺的成功经营案例后，有"当事人意识"的店长会将这个成功的经验借鉴到自己的店内，想着自家门店用同样的方法应该也会成功，于是便在这方面下起功夫。

类似的情况在产品开发等各种工作中随处可见。

在员工具有相当高的"当事人意识"的职场里，员工会不断地思索"这是怎么回事呢？接下来试试看这种方法吧，要是不行，就再试另一种方法吧"。他们会在不断地试错中实现突破。大卖商品以及全新的经营模式、创新便由此诞生。

那么，在什么情况下，员工才会把工作当成"自己的事情"呢？一言以蔽之，**就是要让其能够打心底认为工作不是为了公司，而是为了自己。**

"这份工作对自己的人生和职业生涯是有意义、有价值的"，这么想着，便能把工作当成"自己的事情"了。

当"公司需求"和"个人需求"一致的时候，员工便会主动行动起来

随着远程办公的普及和副业的多样化，当今社会的工作方式变得十分丰富，个人意识也随之发生了变化。

许多人变得更加注重工作的意义和真正的价值，即人们变得更加重视在公司工作的意义、劳动的价值以及生活方式和职业生涯的自主选择。在这个时代下，人们的自主意识发生了很大的转变。

因此，当"公司需求"和"个人需求"一致时，员工就会比以往对工作更上心，发挥起"主体性"意识，并积极地投身工作中。

反过来，当"公司需求"和"个人需求"不一致的时候，员工就会把工作当成挣钱的手段，只会被动地做最低限度的业

务工作。

当今社会，越来越多的人不会一直待在一个公司工作，会通过跳槽等方式让工作变得更加灵活。因此，在人才流动性高的当下，我们无法保证某个员工能一直留在公司工作。

关于这方面的内容我们在后面还会进行详细说明。如今，公司之所以会致力于为个人提供职业规划援助，也是出于这方面的原因。

除开个别无所不能，能想出无与伦比的想法的天才经营者外，公司内部人才如果缺乏"当事人意识"，公司就难以创新，很难诞生出新品、新服务和新的工作方式。长此以往，就会导致公司实力衰退。

工作中，员工必然要做好上司吩咐的事情。与此同时，上司还应通过对话，让员工认识到自己干的这份工作对自己的人生、职业生涯有怎样的帮助，可以获得怎样的价值。

虽然现在也有许多公司鼓励上司通过会议等活动，与员工进行深入的一对一交流，但**如何才能点燃每一位员工对自己工作的那份热情，员工的直属上司可以说在其中有着重要的影响。**

"无工作价值"是导致高层次人才流失的主因

努力工作的态度会让员工业绩有很大的变化

能创造新价值，高效完成工作的员工具有相当高的生产力。这类人如前所述，具有很高的当事人意识，对工作的态度也有别于其他人。

比如一开始实力差不多的两家公司，会因为员工的工作热情、责任感以及对成果的执着等差异，而在组织能力和公司实力上拉开很大的差距。

就个人而言，一些员工在刚进入公司时，能力不分伯仲，但是在后续的工作中，就会出现实际办事成效上的差距，这样的例子并不少见。

比起能力如何，新人在进入公司后的业绩好坏，更受到自身对工作意义的理解的影响。员工在思考该如何行动后，便会展现出其工作态度。这种态度可以用英语单词的"commitment"（投入）来表示，即一名员工要对自己的言行担负起责任，并有所觉悟。

因此，**工作表现好坏，不仅取决于个人能力的高低，还取决于自己对工作的态度以及对工作内容的接受程度。**

感受到"工作价值"的瞬间

人会在什么时候感受到**"工作价值"**呢？感受到的时机因人而异，就好比以下几个例子：

- ◆ 当感受到自己有用的时候；
- ◆ 当别人对你说谢谢的时候；
- ◆ 当别人认可你的工作的时候；
- ◆ 当完成目标的时候；
- ◆ 当完成工作的时候；
- ◆ 当感受到自己的成长的时候；
- ◆ 当可以做自己喜欢的工作的时候；
- ◆ 当感受到自己的工作对社会有贡献的时候；
- ◆ 当能够和自己尊敬的人一同共事的时候；
- ◆ 当迎接新的工作挑战的时候；
- ◆ 当团队协作的时候；
- ◆ 当拥有裁决权的时候；
- ◆ 当被委以重任的时候。

从中我们可以看出，人不仅会为金钱等有形的报酬而心动，还会为**"无形的报酬"**而心动。

"工作的目的"是工作的原动力

在这"无形的报酬"中，有两种多数人都向往的价值。

一种价值是**"工作的目的"**。工作的目的，即工作的最终目标。就好比手头的工作是一个接力棒，那么我们需要把这个接力棒传给谁？要通过哪条路才能最终和这个社会连接起来？这便是对工作目的的思考。也就是说，"工作的目的"其实就是"社会价值"。

这就像是与其让不认识的人灌溉田地，倒不如自己浇水撒种，种出美味的蔬菜后运到餐厅里，并由一流的主厨制作美味、放心的食物。这样的菜肴不仅给餐桌锦上添花，还能让食客感到喜悦和幸福。认识到这一点的人，就算一直做着同样的乏味工作，也会感受到其中的价值。因此，如何看待工作，对工作的价值乃至工作时的态度会产生很大的影响。

有许多公司之所以重视自身的理念、目标和愿景等，就是因为在公司内部共享统一的价值观是如此重要。公司不仅需要向外传递自己的理念等信息，还要好好地向员工传递"公司所做事项的社会意义""在这里工作的价值""公司重视的价值观"等，从而让员工能通过工作感受到自身的价值。

反过来，如果公司的价值观与个人的价值观不一，那么这个员工就会选择辞职。因为就算公司的理念、目标和愿景说得再好听，如果不符合该员工的实际想法，也会让他大失所望，最终辞职走人。

那么请问各位，贵公司的"工作的目的"跟员工的想法是否一致呢？公司领导有没有每天向员工传递公司的理念呢？

人人都渴望得到他人的认同

多数人都向往的"价值"之二，便是"认可"、"称赞"和"尊敬"。

因为任何人都希望自己的工作能得到周围人的认可和赞赏，从而找到自己的定位，受到他人的尊敬，并不辜负大家的期望。

你的公司里有互相表达感谢的文化吗？领导会在下属工作做得不错的时候，好好地表扬他一番吗？当员工在做高难度的工作或者完成了紧急工作的时候，领导有好好跟他们说谢谢吗？

如果公司里的许多领导认为"员工工作是理所应当的"或者"既然拿了工资，当然就要干活"的话，那么这个公司就面临着危险。因为在这样的职场环境下，员工会失去对工作的热情，并导致人才流失。与周围人的关系如何，对于有"社会性动物"之称的人类来说具有重要影响。

正因为管理人很难，管理才有其价值，组织间才会拉开差距

在"人、物、钱、信息"等经营资源当中，管理起来最难的非属人不可。比如钱财本身是没有意识的，所以使用者可以自由决定如何使用它。然而人是有思想、有感情的生物，所以人是不会轻易按照管理者的意志来行动的。

所以管理人这件事其实是非常有难度的。也正因如此，才有在这方面努力的价值。

一家集团有 100 名员工，且员工都有相当高的工作热情；而另一家集团也有 100 名员工，但员工没有什么工作热情。虽然两个集团的人数一样，但是不难想象，这两个集团的发展层次是不同的。

怎样提高员工的工作热情？如何才能让这种热情维持下去，从而不断维持和提高组织或公司的良好业绩？这是由该公司的领导、经营者怎么管理员工，公司的职场环境如何来决定的。

经营者和管理者该如何与员工相处？具体可参考第 2 章往后的内容，其中会结合影响员工工作热情的具体事例进行详细说明。后面将介绍的"发展疲软的公司和离职率高的公司的共同点"中，也能让各位通过书中的反面教材学到相关的管理知

识。如果这些事例里有跟各位在公司遇到的情况相似的地方，相信这也是让贵公司做出改变的一个好机会。

管理人是一门重要的学问，希望各位通过阅读此书，能够学会以怎样的立场和思考方式去管理好人。

第 2 章

"让员工失去干劲的上司"共有的 10 个问题及改善对策

不会看着对方的眼睛说话——不会认真面对员工的上司

总以"在忙"为借口，让人"说重点"且不会与人对视的领导类型

下属找到上司说："领导，能打扰您一下吗？"

此时上司看起来十分忙碌的样子。一边盯着电脑或工作资料，一边回复道："嗯。有什么事？"

下属见状说："那个，其实我有点儿事想跟您商量一下。"接着上司"嗯"地回复了一声，同时眼睛一直没有从电脑或资料上离开。下属看到后，一副欲言又止的样子，上司则一边工作一边催促道："有什么事，快说。"

相信这是许多公司的办公室里常见的画面。

而在远程工作中，还有这样的场景。

在开完线上会议后，下属找到上司想要商量事情，可电脑对面的上司却忙着敲打键盘，目光也是左右上下地移动着，让下属一下子就能看出来上司在做别的事情。如果有两台电脑的情况下，上司还可能会看着别的电脑，只给下属露个侧脸。

◆　◆　◆

像这样的场景也并不少见。长期以这种看起来敷衍的态度对待下属，会打击对方的工作干劲。这时可能会有人反驳道："我在好好听着呢。用耳朵听着不就好了吗？我也很忙的。"可是要知道，员工是无法理解上司这样的想法的。

难以告诉下属严峻事实的上司类型

在人事考核、业务评价等需要进行面谈的时候，有不少上司不善于直接告诉下属考核的结果。

如果考核结果是好的，那还好说。但遇到一些结果不好的，且需要告诉下属本人的情况，这类上司就会变得欲言又止，视线飘忽。当然，我理解这类上司希望报喜不报忧，想尽快结束这种尴尬场面的心情。

在酒会里，大家一起聊天时，当下属就某事提出反对意见的时候，这类上司往往会试图把话题岔开。

这类上司看似优秀，但是在下属看来不够真诚且不值得信赖。

 改善对策

沟通是基础，通过倾听构筑信赖

学会尊重和正视对方

嘴上总说着"太忙了",不自觉地将精力投入工作中,不会好好看着下属说话的上司,虽然没有意识到自己的问题,但是从心底里可能只把下属当成自己完成工作的工具吧?这样的想法也会无意间通过做事的态度表现出来。所以,这种类型的上司首先要学会尊重并正视对方。

比如,嘴上说着自己忙,然后让对方站在桌前说话,就算自己在听着,可给对方的感觉就是没在尊重他。

所以当员工过来找上司商量事情时,上司需要创造出能让人坐下来好好说话的空间。为此,我建议在上司的座椅旁边多准备一把椅子。这样的小细节有助于推进双方的沟通。

一些喜欢逃避尴尬话题的上司同样可以这么做。因为想要试着岔开话题的行为很容易就被人看穿,下属会想"这上司的能力也就这样了",使他们失去对工作的热情。所以无论在聊什么话题,上司都应该要正视对方,好好说话,才能让人感受到自己认真的态度。

平日里展现出的倾听姿态可构筑起信赖关系

上司的类型各种各样,有热血的,有温和的等,但是能得到下属信赖的上司大都有个共同的地方,**那就是会好好看着**

对方，与对方视线相交，并认真沟通。

仅靠表面的言语是无法形成有效沟通的。在谈起某些话题的时候，**对方的说话方式、表情、举止等非语言行为也在传递重要的信息。**

南山大学名誉教授、人际关系训练等方面的研究和开发人员津村俊充就用一张冰山图来表示人际关系（见图 2-1）。津村教授认为，人在沟通时，不仅要听表面上的话题和工作等"内容"，还要发现幕后的"过程"，比如彼此是如何交谈的，是怎样进行感情的交流的，这些都需要进行了解。这一点不仅适用于两人间的交流，也同样适用于团队讨论的时候。

只有重视这种过程的交流，上司才能与下属产生信赖关系，这种信赖关系是使工作顺利开展下去的基础。倘若平时有了这层关系，即使上司真的忙得连看着对方说话的时间都没有的时候，员工也能理解上司。

要想理解对方的心情和想法，上司在跟下属沟通时就不要只顾着直接决策，而是要好好地听对方说话。为此要懂得倾听的技巧。

"倾听的技巧"有五个要点。

第一，**听话的姿态，包括姿势、视线、声音的音调、点头和附和等行为动作。**听者若能展现出真诚的姿态，便能让对方放心地袒露心声。

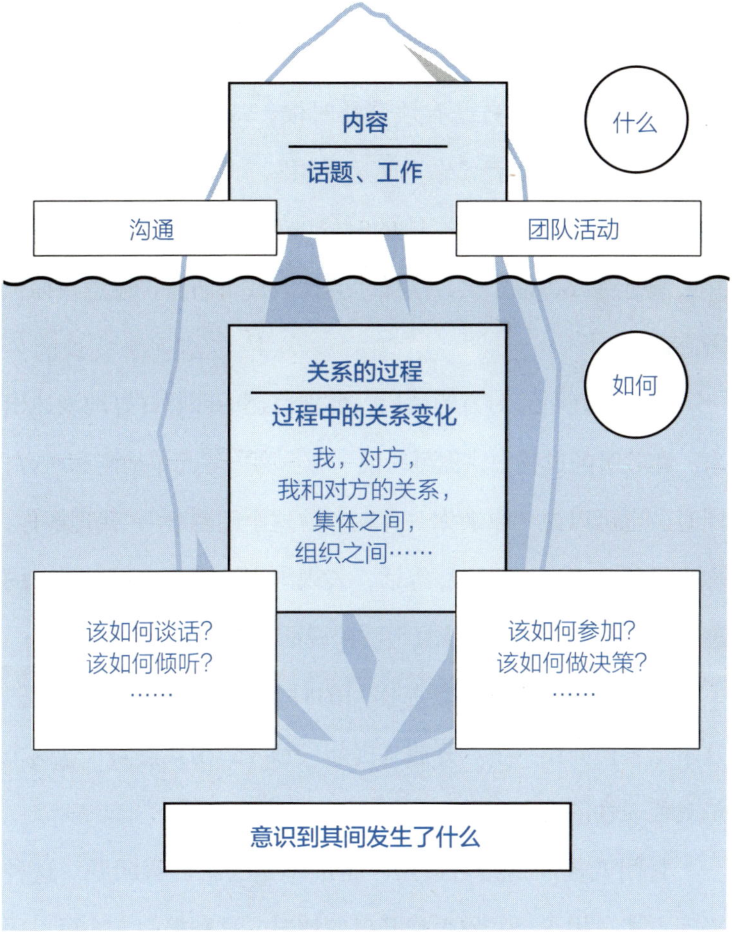

图 2-1　谈话内容与过程的冰山示意图

注：以《重新考虑人际关系中的"过程"》（津村俊充）中的图为基础制作的示意图。

第二，要有共情的能力，这种能**理解对方的感受并加以思考的能力**在倾听的过程中十分重要。

第三，**不判断，不评价，并"无条件地接受"**。

试想一下，当自己有烦恼的时候，却被对方否定说"你自己也有问题"或者"你不能这样想"，又有谁会想和这样的人说话呢？所以在与人交流的时候，我们要学会去接受对方，并去倾听对方在说什么，这样才会让人放下防备，愿意跟你袒露心声。

第四，**在听完对方的话后，要把自己的理解好好地表达出来**。在聆听的过程中，你可以说"嗯、嗯"等简单地附和对方，同时，也可以说"原来你一直在考虑这个问题呀""我理解你，你想说的是这个意思吧"等话，表现出自己倾听之后对对方的理解，让对方觉得你在认真地听他说话，并对你产生信赖。

第五，为了深入对话，**提问**的时候也可以加入一些技巧。这里给各位介绍一下**"开放式提问"**和**"封闭式提问"**这两个最具代表性的技巧。

封闭式提问是指可以用"是或不是"来回答问题。这种提问方式适用于一开始很难开口的情况，这种提问方式可以用容易回答的"是或不是"让对话顺利开始。然后慢慢地，通过"你是怎么想的呢？"等开放式提问，让对方说出深刻和复杂的想法。

上司类型2 不说清楚缘由——让人觉得与其共事很没意义的上司

"我之前都是这么做的"——懈怠型上司

按照以往的情况，一年一度的员工大会一般是先由社长、高管致辞，然后表彰当年表现出色的员工。

于是，某家公司的员工就想到了一个主意，他觉得如果线上举办员工大会，那么全国各分公司的员工就都能参加，这一提议得到了不少人的赞同。这名员工觉得机会难得，公司可以来一场线上线下结合的员工大会。大会上除了表彰环节，还可以邀请讲师，以研讨会和问答的形式让全员活跃起来，参与讨论策划。

这么想着，这位员工便找了个机会故作随意地跟上司聊起了此事，结果上司立刻否决了这一想法，说："没必要，没必要。以前都是那样办的，也没什么人提出不满。按老样子举办就好。这样也保险一些，改动太大多累呀。"

听上司这么说后，这位下属便觉得这种谁都能干的事还非得自己来做，实在是没意思。不是所有人都贪图工作轻松了事，也有人追求工作能有价值，所以这种类型的上司容易给原本有干劲的员工泼冷水。

"禁止这么做，因为规则就是这样" ——无效问答型上司

当顾客询问一个新项目时，要完成这个项目，就需要改变以往的处理工序。于是，下属找上司商量此事。可上司却说："啊，不行啊，公司不让这么做，这可不能答应下来。你再跟客户说说，还是按老样子来处理吧。"可这样的话，就不能满足顾客的要求，而上司这边又一味地强调"这是规则"，因此让下属有些无所适从。

规则当然很重要。但是，为什么这个规则很重要呢？如果上司不能说清楚原因，下属是无法理解的。

"别说那么多理由，快点干吧" ——停止思考型上司

中途进入公司的员工在接手前任员工的工作时，往往会发现一些跟自己以前的工作方式不同的地方，便去请教上司："为什么这里会这样做呢？要是按照那样的方式会不会更好呢？"

但是，有些上司就会回道："噢，这个是我8年前和外部顾问一起确定的，效果挺好的，没什么问题。你就按照之前的方式做就好了。"这样的回答让下属觉得上司很不靠谱。

原本中途入职的员工想要运用自己以往的工作经验做出

一些成绩，但是这类上司的做法就会打击他们的工作热情。另外，上司常说的"按我说的做就行"也会让下属觉得自己没有受到尊重。

改善对策

通过零基思维共享工作的本质

当理解工作的本质后，便能提高工作的质量

前面说到的三个事例都是在说明**"为什么要干这个工作？要怎么做？"**等工作的本质性问题，而事例中的上司完全没有认真地思考和传递工作的本质给下属。

工作方法不同，工作的价值也会有所不同。这里给大家讲一个比较典型的例子，是一个关于三个瓦工的故事。

某天，有个人问三个瓦工："你们在干什么？"其中一个瓦工抱怨道："你不都看到了嘛，我们在砌砖，这工作很累。"另一个瓦工则回答道："我们在建一堵很大的墙，就靠这份工作来养家糊口了。"而第三个瓦工则表示："我们正在建造一座将要载入史册的大教堂，这是一项对很多人都有好处的伟大工程。"就像这样，三个瓦工不同的回答，使得同样的"砌砖"

工作有了不同的意义和目的。

上司需要**跟下属传递和共享工作的背景、意义以及目标价值观是什么**。当下属理解其中的本质后，即使上司没有做出指示，下属也会先行动起来，创造良好业绩。

再举个例子，一家重视公司理念的知名外资高级酒店会根据具体情况，专门叫出租车把客人遗忘的东西送到机场，类似这样的灵活、周到的服务使这家酒店打响了名气。

这家酒店之所以能采取这样特殊的应对措施，正是因为酒店规定了员工个人可进行自主决策的金额标准。正是因为酒店将服务的价值观和标准告诉了员工，才能有这样可以随机应变的服务。

将"零基思维"变成一种习惯

"零基思维"（即追求本质）是共享价值观时不可缺少的一步。这要求公司不仅要传达现有的价值观和标准，还要对以往认知中的常识进行反省。以"零基思维"思考所有的事情，才能实现公司的发展。

这也是为什么上司需要关注从其他部门调来的，或者中途加入公司的员工，因为这类人不了解公司或部门以往的做事风格，往往能提出新颖的观点。当他们提出"为什么？""为什么要这么做？"等疑问时，就是公司自省的好机会。

经常回到原点审视公司的本质，养成"零基思维"的习惯，就能让需要共享的价值观和标准不断进化。

这种习惯不仅能让人理解公司的价值观和判断标准，还能帮助员工重新审视自己的日常工作，思考这份工作的意义和价值。**这有助于员工了解自己工作影响的范围和大小，比如自己的工作是从谁的手中接棒，要交给谁等**，即能让人了解工作的全貌。

上文提到的三个瓦工中，第三个瓦工表示自己正在建造一座将要载入史册的大教堂，并进一步地将建造的建筑理解为能让很多人除去悲伤，得到祝福的地方。由此，这位瓦工发现了自己工作的价值，也提升了自己的责任感。

上司要意识到自己与下属存在不同的看法

另外，上司还要时刻意识到自己有跟下属说明情况的责任，沟通的时候注意要有礼貌。切忌说出"我说了的""不都告诉你了吗？"等话。此时**上司要意识到自己与下属的不同看法**。

在职场中常常出现这样的情况，上司往往会按自己的想法提出一些自认为很好办的指示，但在下属看来，就算自己尽了最大的努力去做，也未必能达到上司期待的效果。

另外，就像不同的部门平时会负责不一样的工作那般，不同的角色和立场会导致每个人有不同的看法。下属平时接触到的信息、关注的事情等与上司都不同，在交流时，不可避免地与上司的想法会有不同的地方，上司应当对此予以理解。

上司类型 3 单方面下指示——不会双向沟通的上司

"经理这么说的，你就照着做吧"——信鸽型上司

某天，上司过来找下属说："抱歉，这件事你能快点办好吗？"于是下属问上司为什么这么着急，上司却只是说"经理是这么说的，拜托了。"

上司的口头禅是"这是上面决定的"，并对具体情况不闻不问，一副总之是上层说了算的态度。下属即使想跟这类上司讨论该如何推进新工作，也会被反驳道："这事先放一边。总之你先按上头的意思去做吧。"导致沟通无法进行下去。

这种自己什么也不思考，只会传达上级意思的信鸽型上司，可以说很没有责任感，且在态度上表现为拒绝与下属沟通。

在这样的上司手下干活，下属会变得越来越焦躁，并会降低对工作的热情。这类上司也会被下属贴上"不靠谱的上司"的标签。

"上级让做的，你就随便应付一下吧"——推脱责任型上司

有些上司不是没有责任心，但会让下属感觉他们没有参与感，像将自身置之事外一样。比如公司来了一单业务。

上司说："这单业务，你知道该怎么做吧？交给你了。你试着做做看，加油。"

下属说："收到，但是这单业务敲定方案前得花些时间，您觉得有什么地方需要注意呢？"

上司说："没什么要注意的。你就按以前那样做就好。"

（过了两天）

下属说："前天说的那单业务，我不知道该怎么处理，可否请教一下您的意见呢？"

上司说："唔……这种事自己想呀。"

◆　◆　◆

这就是喜欢推脱责任的上司常有的态度。

虽然说"交给你了"这句话会让下属觉得自己受到了上司的信赖，但是有时也会让他们感到不安，不知道上司是不是真的信任自己，并逐渐变得不信任上司。

改善对策

多沟通，培养相互间的信赖和一体感

沟通是建立信赖关系的一大前提条件

每个人的价值观都不一样，各有不同的意见，正确答案也因人而异。正因如此，**人与人之间才需要进行沟通**，从而实现相互理解。像是在接手新业务的时候，虽然工作内容跟以往有类似的地方，但为了了解新工作的业务背景、目标、标准等，在工作正式开始前还是需要上下属间做好沟通。

在对话中，讨论想法固然重要，但更重要的是要跟对方说明自己为什么是这么想的（**梯式推论法，见图 2-2**）。

举一个简单的例子。有两对夫妇几乎同时搬到了同一个地方。有一天，他们各自从自家的窗户往楼下看，发现一群太太们在附近的路边七嘴八舌地讨论着什么。

A 夫妻间的对话

丈夫："你看，那个体格很好的人看起来是这群人中的老大。"

妻子："她看着挺爱说闲话的样子，要是知道了我们家的事，说不定会到处跟人胡说八道，跟她交往的时候还是小心点好。"

丈夫："确实，我可不想一家子被人当作茶余饭后的谈资，要是再被添油加醋一番可不得了。"

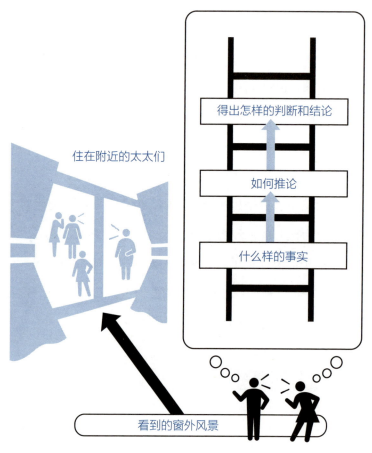

图 2-2 梯式推论法

A 夫妻的谈话结论

跟那个体格较好、看似这群人中的老大的人交往要很小心，尽量少跟这种人扯上关系。

B 夫妻间的对话

丈夫:"你看,那个体格很好的人看起来是这群人中的老大。"

妻子:"真的是。这人或许知道附近哪家培训班适合我们家孩子,她看起来很了解周边信息的样子。"

丈夫:"是呀。问问那个人的话,应该能很快得到准确的信息。明天我们就带着点心去跟她打招呼吧。"

妻子:"好呀。我同意,就这么办。"

B 夫妻的谈话结论

要积极和那个体格好、看似这群人中的老大的人打好交道。

在上述例子中,两对夫妻看到同样的情景,但由于看法、注意的点和思考的方式不同,他们得出的结论大相径庭。这就是为什么说要学会倾听彼此的思考过程。

只有这样,才能在面对意见不合的人时,也能跟对方的想法产生共鸣,由此加深对彼此的了解,从而刺激对话的推进,然后诞生出新主意、新看法,发挥出创造性。

完全掌控——指示型的上司

为了"不失败"而引起的矛盾——过度干涉、保护型上司

A 先生接管了长年由上司负责的客户公司，因为是第一次被任命为促销活动的负责人，A 先生意气风发地想组建最好的团队，于是便和上司商量起此事。

上司说："我把过去和这个公司合作的一套相关资料都准备好了。你第一次担任负责人，我很看好你哦。"

A 先生说："谢谢！"

上司说："啊，还有就是，这次的小组成员有 B 和 C。我已经跟他们打好招呼了，大家都十分有干劲，你应该也会轻松一些。合作公司那里我也打过电话了。这些公司都知道怎么做，可以放心交给他们。总之你先联系着，如果有什么不明白的，可以随时跟我商量。我会告诉你怎么做的。"

A 先生说："好的……"

像这个例子一样，有的上司为了方便下属工作，一不小心就干预过多。也有的上司为了避免失败，准备了详细的步骤说明书，不给下属发挥的空间。这类上司并没有意识到这样其实会打击下属的工作干劲。

改善对策

意识到"内源性动机"，改变参与的方式

主体性的源泉，是"内源性动机"

有两种动机可以激发人的工作干劲，即**"外源性动机"**和**"内源性动机"**。

"外源性动机"是基于报酬的动机，如金钱、奖惩、荣誉等，是由外界人为刺激所造成的。许多企业都在采用外源激励的措施，如对取得一定业绩的员工给予薪酬的奖励制度以及对销售业绩优异者进行表彰等。

而"内源性动机"与基于金钱或他人评价的"外源性动机"不同，是由自发的兴趣和欲望所激励而产生的动机。

比如，享受读书本身的乐趣是"内源性动机"，为了考试而读书是"外源性动机"，这就是两者的区别。在"外源性动机"之下，获得报酬往往是员工的目的，而在"内源性动机"

下，行动本身才是目的，能让员工更加主动地努力。

心理学家爱德华·L. 德西和理查德·M. 瑞恩在《自决理论》中指出，"人与生俱来有三种心理需求，即想发挥才能（有能力感），想自己做主（自律性）和想与人保有关系（关系性）。"

也就是说，**在工作的过程中，员工需要切实感受到自己能做什么（有能力感）；感受到自己不是被谁指示或命令着的，而是在自己的决定下行动的（自律性）；并且与趣味相投的伙伴有互相激励和交流的良好关系（关系性）。**

丹尼尔·平克（Daniel Pink）在《驱动力》中提出了对自律性很重要的四个 T（课题、时间、手法、团队），并介绍说，能够自我决定"做什么、何时何地做、用什么方法和手段做、和谁一起做"是很重要的。反过来说，在无法实际感受到这些环境和关系时，人会慢慢失去干劲。

因此，上司需要思考自己的言行是否影响了这些因素，是否无意识地打击了员工的"内源性动机"，阻碍营造良好的职场环境。

不听人言且擅作主张——一意孤行的上司

"就按以往那么做""肯定没错"——自作主张型上司

还是小孩的时候，各位是否遇到过不听人解释就不分青红皂白地批评学生的老师呢？这样的人很令人反感，所以一般人都对这类人避而远之。

同样，在职场里，也有不好好听人说明就劈头盖脸地谩骂一通的上司。这也成为打击员工工作热情的主要原因。

公司里有的上司总是不放心下属，当下属成为项目负责人，并遇到问题时，这类上司就会抓住机会说："啊，你果然不行啊。"还会不问缘由地指责下属："前期准备的时候，就没有好好听我说吧。"

被指责后的下属就会变得畏首畏尾，这样就会影响后续工作的开展。另外还有一种情况，上司自作主张地认为下属不喜欢休息日上班，所以在没有问过下属的情况下，就把休息日的活动交给了另一名员工处理。可能这个上司自己有家庭，觉得休息日还是让下属好好休息吧，于是用心良苦地帮下属推掉了这个工作。但是不管这个行为的初衷是好是坏，这样自作主张的行为会大大影响到员工的工作积极性。

"他果然就是这样的人"——偏听偏信型上司

"在酒会上，某某说了这样的话。"当这类上司听到了员工的一点小道消息后，就会轻信道："这样啊，那家伙果然这么想过。"有时候，一些恶意的传闻和谎言会被添油加醋一番，很可能会给听者灌输与实际情况不符的成见。

因此，上司需要认识到像是"某某说过什么""听说……"等话的真实性是十分可疑的，盲目相信传闻是非常不可取的。

改善对策

进行互相尊重的沟通

听事实，而不能臆测或道听途说

在发生纠纷或意外时，如果**不问缘由就单方面下结论，便是对对方的不尊重。**人际关系中最重要的是尊重对方，互相信赖。

为此，当上司遇到一些事情时，要先认真确认事实，不要道听途说，也不要自己随便臆测，而要直接从当事人或相关人员那里听取事实、事发缘由以及他们的解释。

在此基础上，坦诚地告诉下属自己的担心和顾虑，并相互讨论解决办法。在找寻解决办法的时候，不能单方面地将自己的想法强加于人，需要让对方也能接受才行。

"自我表达"有助于沟通顺畅

"自我表达"有助于进行互相尊重的交流。"自我表达"最初是 20 世纪 50 年代在美国掀起的一种行为疗法，主要针对为人际关系而苦恼的人和不擅长自我表达、参加社会活动的人。随着时间的推移，现在为了提高人们的沟通能力，很多企业和学校也开展了相关的培训。

《实现果断自我表达的训练法（修订版）》（金子书房）的作者平木典子表示："自我表达是一种重视自己和对方的表达方式"。

自我表达既不是过分地压抑自己，也不是单方面地指责他人，而是站在重视对方和自己平等的立场上提出自己的主张。因此，在想向对方传达难言之隐时，我们可以根据这一理论，参考"DESC 法"按步骤进行表达。

◆ Describe（描述），客观地阐述事实；

◆ Explain（说明），表达自己的意见和情感，也就是说明自己主观的看法；

◆ Specify（提案），提出希望对方采取的行动和解决方案等，是关于行动变化的具体提案；

◆ Choose（选择），通过说明提案实行或不实行的结果，让对方进行选择。

举个例子，一名上司需要员工在某个休息日上班，于是有了以下这段话。

"这次的客户活动，公司决定在休息日进行。（描述）你一直是这个项目的负责人，如果那天有你在场负责的话，我会比较放心。但毕竟那天是休息日，我也不好强人所难。（说明）所以你也可以推荐一名靠谱的、愿意在休息日上班的员工，只要你能跟他沟通好，并安排好那天的工作就行。（提案）当然，如果你方便上班的话那再好不过了。只要能办好那天的活动，让客户满意就行。你看怎么办？（选择）"

人是有感情的生物。虽然上述例子中的上司说不说明的结果可能都一样，无非是找人在当天代班，但如果在尊重对方、认真沟通后得出结论，能让双方都接受，下属的心里也会更舒服一些。

上司 类型 **6** 不接受他人的意见和提议——霸道的上司

"总之按我说的去做" ——过度自信型上司

过去非常努力，取得良好的销售业绩、得到很高评价的上司，往往会因为自身过去成功的经历，在工作方式、与顾客建立关系的方法上有自己的坚持。

这类上司的口头禅是："时代虽不断变化，但我的销售之心永远不变。要做的事情总是一样的。"

这样的上司会毫不吝啬地把自己成功的经验和技巧分享给下属，从这一点看，这样做的确有有利的一面，但是当下属有新的提议或意见时，常常会被这类上司全盘否决。

"不要总想这想那的，先踏踏实实地按我说的去做。"这样的上司常常会固执地坚持自己的做法。

这类之前通过良好业绩凭实力晋升的上司，总是认为在一线工作比什么都有意义。

确实，这些上司过去的成绩和成功经验非常有说服力，也确实有一定的效果。但是一直坚持以往的方式，不仅不能培养下属的自主性，还会导致下属失去工作的热情。

"你先把资料放这"——独断专行型上司

一名下属出席外部研讨会活动时，无意间听到了一个新体系，似乎对吸引客户有帮助。

不过这个新体系也有一些需要调整的地方，如果直接引进整个部门内，可能会有一些问题。于是下属找到自己的上司，打算商量此事。

听完事由后，上司对下属说："嗯，好的。你先把资料放这。"但那之后就没了下文。于是，下属再次找到上司询问此事。接着上司解释道："啊，那个啊，我觉得主意还是不错的，但你也知道，我们现在没有预算。现在做这件事还有点为时尚早，之后找机会再跟上级商量吧。"最终，下属的提议就这样不了了之了。

其实，这名下属如果能直接和更高层的人对话，说不定这个方案就通过了，所以这位下属心里多少会有些遗憾。相信各位在工作中，也曾遇到过这种情况吧。

这类上司行事过于谨慎，且一味地相信自己的判断，否决他人的提议。久而久之，下属自然会对上司这样的态度感到厌烦，此后逐渐不去创新思考，并失去干劲。

改善对策

个人的能力是有限的，需要培养比自己优秀的员工

成为领导狮群的狮子

身处瞬息万变的时代，企业更需要不畏惧变化和挑战，掌握一线的情况。因此，**中层管理者不仅需要管理员工，也要运用好自己的上司身份去改变公司**。一旦中层管理者停滞不前，完全有可能会毁掉自家公司。

有这么一句谚语："由狮子带领的羊群可打败由羊带领的狮群。"（An army of sheep led by a lion would defeat an army of lions led by a sheep.）即使是一群平凡的人，如果他们在一名强大的领导带领下保持良好的团队协作，便可以打败一个精英汇聚，却内部管理混乱的团队。

但是，在这个变化莫测的时代，当没有狮子去带领这帮羊群，羊群便会成为一盘散沙。因此，在团队工作中，上司作为团队里的领头狮，在找寻下一任接班人（新任领头狮）的同时，还需要培养出一批强大的狮子（狮群）。

关于领导力的理论中，有一种理论叫**"服务型领导"**，即上司要像管家一样，要以奉献的精神来支持组织和下属，从而发挥出自身的领导能力。

上司不能自以为是、独断专行，要改变自己以往的错误想法，认识到培养比自己优秀的人，让他们发挥自己的能力，引导他们为公司带来成果的重要性。

上司见到比自己优秀的员工，要以虚心请教的心态面对他们，且要信任和尝试依靠他们，把自己也融入**团队**中。这样做不仅能让自己变得更轻松，也能激发员工的工作积极性。

想一出是一出——朝令夕改的上司

"这次我们挑战这个吧!"——行事鲁莽型上司

"我看电视里的经济新闻说,接下来某某领域会大火。我们也要努力跟上这股潮流呀!"

"今天早会决定的那件事,虽然你已经开始做了,但我想了想,按这样的方式去做会不会更好些呢。你看能不能改成这个方向呢? 麻烦你啦。"

"不能输给他们,我们也要试着做这项业务!"

在瞬息万变的时代下,有不少公司在决策上常常朝令夕改。有的公司会享受这种变化,员工个个魄力十足。但也有的公司会被变更方针一次次地牵着鼻子走,员工最终筋疲力尽,士气低落。那么,这两者的区别在哪呢?

容易让员工疲惫不堪的上司常把"你们太不能适应变化了,真是太丢人了"等话挂在嘴边,但员工真有这类上司说的那么不堪吗?

改善对策

把握全局，下达坚定的指示

反思自己的发言是否符合公司的使命和目标

职场环境不断变化，员工越发地苦不堪言。这不仅仅是因为员工不适应的问题，上司的指示和发言质量在其中也有很大的影响。

彼得·德鲁克在其著作《专业人士的条件》中，便就"有效领导力的基础是什么？"这一问题进行了描述。

"有效领导力的基础就是领导会对公司的使命进行反复思考，并以可见的方式进行明确定义。领导的责任便是制定目标、确定优先顺序、制定标准并坚持方针。"

"领导和伪领导的区别在于目标。当领导由于政治、经济、财政、人事等现实的制约而不得不对一些事情妥协时，这种妥协符合公司的使命和目标与否，就决定了其是不是一位称职的领导。一些领导可能是真正忠实于公司使命和目标的信奉者，也可能是盲目崇尚机会主义的人，因此，真正的领导应当在以身示范的同时，坚守公司的基本准则。"

可以说上述说法和前面的"零基思维"的道理是相同的。

如果上司是经过深思熟虑后提出的改变策略，那么这样的改变也会得到许多人的认同。但是，如果这只是上司个人的一时兴起，那么不仅不会得到员工的信任，还会让团队营造出假装投入的样子，因为团队成员会想反正上司还会变来变去，就变得不认真工作。**所以当上司要让团队或员工改变工作内容时，一定要坚守原则**，否则会严重影响员工的工作积极性。

把握全局，做出坚定的判断

能干的人都有一个共同点，**即在追逐目标和完成使命的过程中，具有把控全局走向的能力**。

这类人的心里会有各种自己撰写的"剧本"，可以让他们从**长期、短期**又或者**重要、紧急**程度等各种角度来看待问题。

在"剧本"的描写上，首先他们会从长远的发展着手，并在其中加入一些短期目标等内容。这样规划下来，就能避免总是被短期内必须马上做的事情牵着鼻子走，却只能将长期来看必须做的大事放置一边的情况。否则，等意识到时为时已晚。

著名的"重要"和"紧急"矩阵，表明养成检查工作的习惯十分重要。

现在要做的事情对于完成目标和使命有多重要，有多紧急？经过思考后，就能在遇到"虽是社会上的大热点，但对于公司来说，并不是很重要和紧急"，或者"相反，这是一件非常重要和紧急的事情"等情况下，做出明确的判断。

此外，上司向员工下达工作指示时的表达方式也很重要。

人在无缘无故地被迫去做某事和理解了"为什么要做这件事"之后去做，两者的积极程度是截然相反的。

信息共享的基础是要清楚地传达"结论""理由""具体例子""所以为什么想要做？"这四个要素（见图2-3）。例如，"要做什么？""为什么要做这件事？是如何判断的？""具体是怎么预想的？""希望对方如何行动？"等，上司都要跟下属清楚地说明。这样的话，员工便能理解其中的意义，工作时也会更加积极努力。

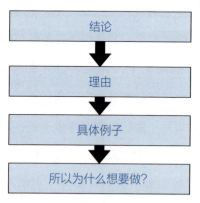

图2-3　信息共享的基础

仅凭感觉评价——让人觉得努力得不到反馈的上司

"我不太会评价下属"——没有运用好评价机制的上司

"就算我做出了成绩，跟没做出成绩的人的评价也差不多。"

"按照上司的指示去办事了，结果却得不到表扬。"

"即使做出了成果，上司也不满意，还给出了很低的评价。"

"上司不会从长远考虑，只看眼前的成绩。"

诸如此类，我们在职场中经常能听到员工与评价相关的抱怨和不满。很多时候，公司里都有评价不透明和质疑上司评价水平的情况存在。

究其原因，可能是上司没有认真理解评估的标准，或者没有好好地跟员工说明自己为何给出这样的评价。另外，也有一些上司本身不善于评价，运用不好这一机制。

"你这次运气好，做出了点成绩呀"——因成见等贬低员工的上司

"这明明是我做出来的成果，他不过是从还是新人的时候

就被我一直带着的下属，结果得到的评价居然比我还高。""上司居然不看成果，只看谁做了他认为难的事情。""上司觉得我能完成这次工作全凭运气，所以我这次明明很努力了，却得不到正当的评价。"

公司里常常有像上述这样的抱怨。这些怨言之所以出现，其中一个原因便是评价者出于成见而给出了不合理的评价。

改善对策

明确评价标准，极力排除不合理的判断

评价是上司传递给下属的信息，需要明确评价的标准

当自己做出的成果得不到表扬的时候，谁都不愿意继续努力工作，**所以上司需要先让下属接受自己对他的评价。**

即使"严格按照评价标准进行评价"，上司和员工所认为的成果也常常存在分歧。

因此，**给员工做出评价的上司需要将自己部门的评价标准与公司的评价标准结合在一起，并进行明确化。**要了解公司评价的目的和意图是什么，将其与现在的职场情况进行对照，就能将评价的标准细分化，如评价什么、依据是什么、相差多

少比较合适等。

并且，明确了评价标准后，要向员工说明。不能勉强员工配合自己，而是要通过自己的语言，让全员了解并接受这个标准。

评价的时候，还需要**有能发现什么需要进行评价的能力**。

因为员工好不容易做好了工作，做出了成果，却没有人注意到的话，他就会变得不想工作。所以上司要有一双善于观察的慧眼，去思考员工有没有做了什么可以表扬的事。

例如，上司如果仅查看整个项目的进展，可能无法了解每个成员的工作情况。因此，上司可以定期进行个别面谈，听取其他成员和相关人员的意见等，让收集到的信息变得更立体、全面，从而发现员工的一些出色表现。这种细心的上司就会受到下属的信赖，员工的积极性自然也会得到提高。

注意并尽量不要有"认知偏差"和"偏袒"的心理

日常生活中，我们偶尔会先入为主地认为"某人就是这样的人"，也会断定"这种人会怎么样"。这样的推测有时候说对了，有时候却说错了。也就是说，自己抱有的成见和固有观念可能会让我们做出不合理的判断。这种非理性的想法就叫**"认知偏差"**。

这种情况在人事评价中一定会发生。人类是有感情的生物，即使我们有了非常明确的评价标准，对此有了充分的认识，也很难在现实中进行客观的评价。

人当然会有失误、误解、喜欢、讨厌等行为和情绪。正因如此，评价者需要充分认识到这一局限性，并尽可能地弱化。

下面就来给各位说明一下在进行人事评价时，常见的几种"认知偏差"。

◆ 晕轮效应

在过去的项目中，下属的能力和业绩好坏等经历，会给评价者留下印象，并影响到他们的形象，使评价者在其他项目中，也会不自觉地对此人做出同样的评价。

◆ 偏见

例如，社会上有些人认为女性不适合做销售等，他们会根据性别、学历、年龄等进行带有偏见的评价。

◆ 亲近效果

人会对与自己立场相近的人、有共同点的人产生亲近感，对其评价也会有所提高。

◆ 宽松化倾向

出于对受评者的关怀，评价者对所有受评者的评价都比较宽松。

◆ 严格化倾向

对他人要求严格或者从管理者的职责意识等出发，对任何人都给予过分严格的评价。

◆ 中心化倾向

因为对评价没有自信,或者不想得罪人等,这类评价者倾向于对所有人给出不痛不痒的评价。

◆ 对比误差

评价者将自己或特定的某个人与受评者进行比较,而不是按照规定的评价标准进行评价。例如,受评者是和评价者同类型的人,如果能做到评价者自身不擅长的事情,评价就会变高;相反,如果受评者做的是自己能做的事情,标准就会变得严格,评价就会变低。

◆ 近因效应

受评者最近的工作状态给人留下深刻的印象,使评价也受到了影响。

◆ 锚定效应

例如,让下属填写自我评价时,其评价结果成为"锚",评价者对其评价会以此为基础,不会有太大的改变,因此也无法做出恰当的评价。

如上所述,这些都是比较典型的"认知偏差",评价者在对他人进行评价时,需要尽可能地排除成见,做出合理的评价。

上司 类型 **9** 把失败推给下属——独善其身、推卸责任的上司

当着下属的面跟上级说："我对下属吩咐过"——当场推脱责任型上司

某骨干系统开发公司的会议室里发生了这么一件事。历时一年的项目进展缓慢，团队内部反复变更成员，导致工作混乱。

但这又是董事长亲自拿下的新项目，也是公司奠定新业务基础的重要工作，所以公司无论如何也要成功办好此事。于是，负责此项目的经理召集所有主要团队成员，并召开了紧急会议。

经理："我听说你们这个项目整体进展缓慢，是怎么回事？"

上司："是的。这方面的情况小A最了解了，由他来给您说明吧。"

下属A："啊，是这样的。从上周开始，一部分产品的规格又有了变化，所以我们一直在等对方的通知。因为对方总是变来变去，所以我们团队工作压力还是挺大的，大家都有

些疲惫。"

经理:"太糟糕了,产品规格的事,我们不是已经磨合过很多次了吗?"

上司:"我不是告诉过你要把这块儿弄清楚的吗?"

下属 A:(又来了,他为什么总是喜欢推脱责任呢?)"本来应该是这样的,但对方也是第一次跟我们合作,所以规格的问题怎么也确定不下来。"(我真是受够了这个项目……)

当被上级指责办事不力时,有些上司会以"我跟你交代过的""我吩咐过你要做的"为借口来推卸责任。相反,进展顺利的时候,这类上司却把成果当作自己的功劳侃侃而谈。员工看到上司这副嘴脸,自然就失去了对工作的热情。

"为什么你总是这样"——只会怒吼,把错误推卸给他人的上司

当业绩没有提升,因为失误导致业务产生损失的时候,有一种类型的上司常会把气撒到员工的身上,指责员工:"为什么你就干不好呢?"并不停地发火、讲一堆大道理。

这类上司没有意识到这样做会打击员工的工作积极性,是典型的令人感到头疼的上司。这种一味责怪员工的态度,反映出了其认为"自己没有错""自己是受害者"等自保意识,让周围的人对其感到厌烦。

改善对策

通过重视过程的"目标管理制度"，培养好员工

让员工做出成果是上司的职责

上级对上司的评价与上司对下属的评价是一体的。不管上司怎么跟上级解释自己有跟下属交代过工作，如果员工不能做出成绩，其上级对他的评价同样会受到影响。所以说，为下属创造出能出成果的良好环境、培养团队成员的工作能力是上司的职责，试图推卸责任只会适得其反。

因此，上司需要帮助员工完成工作目标，而"目标管理制度"（Management by Objectives，MBO）是许多公司为完成目标而采用的一种机制。

"目标管理制度"是彼得·德鲁克在《管理的实践》中提出的组织管理概念。他表示："目标管理的最大优点是用自我管理取代控制管理。"

这意味着每个人都要明确与组织目标挂钩的个人目标，提高对工作的接受度，并通过实现目标切实感受到自身对组织的贡献，从而让公司成为一个强大的组织。劳务行政研究所实

施的"人事劳务各项制度的实施状况调查"显示，2018 年日本有三家企业引进了"目标管理制度"，日本如今也有许多企业引进了该制度。

不过，其中也有一些公司由于过于注重完成目标，而陷入只看结果的情况，但"目标管理制度"本身的宗旨不是"管理目标"而是"利用目标进行管理"。

也就是说，**上司要做的是让员工自己认真考虑如何完成目标，在必要时给予帮助，从而培养员工的办事能力**，最终建立一个自主的组织，而组织的员工可以自我调控目标和实现目标的途径。

培养员工需要的是"理性训斥"，而不是"愤怒"

职场中常常会看到上司对下属发火的场景，这类上司因为没有控制好自己的情绪，破坏了与周围人的关系，挫伤了员工的积极性。

有愤怒管理理论第一人之称的心理学家雷蒙德·W. 诺瓦科表示："愤怒是每个人都会经历的一种情绪，只有当它发生得太频繁、太强烈、太长时间的情况下，愤怒才会成为一个令人担忧的重大问题。"也就是说，愤怒这一情绪本身并不是坏事，但人若被愤怒牵着鼻子走，就会对建立良好的人际关系产生不良影响。

职场不需要愤怒的情绪反应，而需要可以理性应对的训斥行为。就像家长看到不听话的孩子时，不应该发泄自己的怒火，而是要为了孩子的成长理性训斥他一番。然而，在公司里，有不少上司并不擅长理性训斥下属。这类上司害怕训斥会破坏人际关系。但倘若上司能够明白发泄情绪的愤怒和理性对待员工的训斥之间的区别，就不必担心破坏与下属关系的问题。因此，**上司需要把道理讲清楚，让下属知道被训斥的原因**。不过，训斥时也有三大禁忌：

①贴标签

切忌说"你总是……""你们这代年轻人就是不能吃苦……"。在训斥和教育下属的时候应当明确时间和具体事项，而不能像这样笼统地予以责怪。

②与他人进行比较

相信大家小时候都有被自己的父母说过："你为什么不能像某某那样呢？"听到这类话的人肯定都会有些难过。因为无论再怎么比较，自己也不可能成为"别人家的孩子"。所以，像这样，上司就那些即使努力也改变不了的事情对下属进行责备，实际上是一种非生产性行为。因为训斥的目的是让对方能够进步，而不是进行无效责骂。

③人格否定

不要否定对方的人格。否定人格的话会让对方变得退缩不前，双方的关系也会因此恶化。因此，上司在教育下属时，需要指出对方具体哪个行为有错，而不能简单地指责对方的错。另外，这样对事不对人的训斥方式，能让人客观看待和把握问题。

同时，训斥的时候，也要加上一些表扬。按照"三夸一骂一鼓励"的方式进行的话，对方就会觉得上司在关照自己，便能积极地面对问题，努力改善。

上司类型 10 抢下属的工作——总觉得自己是主角的上司

"没事，我来做吧"——不培养下属的管理方式

有的上司总是陪着下属工作，还会在一旁一直跟下属唠叨："那个领导太烦人了，不过你放心，这事就交给我吧。"然后把下属的工作都自己一个人揽下来。下属刚接手项目不久，虽然上司这样做让下属觉得特别安心，但也会让下属默默想，"什么时候能放心交给我去做呢？"

"昨天你不是打电话问过我上次提案书的事了吗？我还是带着你处理一段时间吧。"当下属听到上司这样说后，不禁心中不满地想："还不是因为你老是在那里说话，出风头，让对方以为这次项目的主要负责人是你。"但表面上，下属还会客套道："谢谢您，有您在我就放心了……"于是，下属又继续在没完没了说话的上司旁坐着，默默地当他的记录员……情绪上也变得对工作越发厌烦。

这些都是热爱在一线工作的上司常有的言行。对于经验

不足的新员工来说，虽然这样的上司十分靠谱，但是由于他们缺乏将工作交给员工、培养员工工作能力的想法，最终不仅无法将员工培养成才，还会让他们的工作热情逐渐消散。

📋 改善对策

要有匹配下属成熟程度的领导能力

上司要想取得长期的成果，就需要培养后继的人才。但是在公司里，有些刚升任为经理的人容易过度干涉员工的工作，或者习惯性地兼任管理者和员工的工作。这些都是职场中常有的情况。

这也是因为上司在工作上有丰富的经验，所以才总是喜欢对下属的工作指手画脚。确实，因为拥有丰富的经验，上司自己亲自工作的话会让工作进展得更加顺利、高效。但长此以往，下属因为总是充当旁观者的角色，会渐渐失去干劲。

上司不能只想着短期内取得成绩，其职责应当是建立一个能长期不断做出成果的组织。为此上司需要不断地培养后继人才，毕竟个人的能力是有限的。上司真正需要做的是提高整个组织的绩效。

在人的成长过程中，确实需要一名经验丰富的人士从旁指导。但是，如果一直有人在身边守着，人就无法长大，且会慢慢失去动力。

最开始让下属先试着做是很重要的一步，后面指导之后再让下属实践一遍，并进行表扬也是可贵的用人之道。"疼爱孩子，就让他出门经历风雨，接受磨炼"，可以说，上下属之间的关系也是如此。

情境领导——匹配下属成熟程度的领导能力

在美国创建"领导力研究中心"的 P. 赫西和组织心理学家肯尼斯·哈特利·布兰查德提出的领导力理论中，有一条叫**"情境领导"**（Situational Leadership），即根据情况进行领导的意思，是一种提倡根据下属的情况（成熟度）进行领导的方式。

根据下属的成熟程度，"指示性行动"和"援助性行动"的必要性（程度）会有所不同。由此，可分成四种领导风格（4S）（见图 2-4）。

S1：教导性领导力

此类领导力适用于员工成熟程度较低的情况，如新员工。上司需对工作做出具体指示，并进行管理和监督，直到下属将工作做完为止。此时的指示性行动程度高，援助性行动程度低。

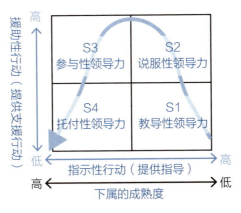

图 2-4　情境领导示意图

S2：说服性领导力

此类领导力适用于下属稍微熟悉了工作内容的情况下。上司通过与下属密切交流，让对方理解工作的意义，负责回答下属的疑问，培养下属的责任意识。说服性领导力与教导性领导力相比，指示性行动程度略有减少，但援助性行动程度相比较高。

S3：参与性领导力

此类领导力适用于下属成熟程度有所提高的情况。在这种情况下，上司不对业务内容做出具体指示，而是对工作的要点等进行大概的指点，帮助下属做出决策。此领导力的指示性行动程度更低，援助性行动的程度高。

S4：托付性领导力

此类领导力适用于下属自律性很高的情况下，如老员工。

双方就目标和课题进行讨论，上司可完全将工作托付给他们，并让他们自行汇报成果。此领导力的指示性行动和援助性行动的程度都变低，下属能够自立。

可以说，上司在工作中，需根据上述的下属成熟程度等情况进行灵活应对。

第 3 章

"组织逐渐疲软的公司"共有的
15 个问题和改善对策

个人承担太多的工作——充满不公、不满的组织

"为什么总是我?""反正最后这工作又是让我们来做……"——业务分配不均的组织

公司里自然有许多能干的人。但是,如果一个职场中,工作分配过于极端,这种不平衡就可能导致员工失去工作干劲。

在一个部门里有五名员工,其中只有一人非常忙碌。他连日来加班到深夜,休息日也要把工作带回家处理。

刚开始的时候,周围的人还会说:"要帮忙吗?"但因为这名员工所做的工作是个人熟悉的领域,便觉得这份工作很有意义,不好分配给他人,于是周围的人也渐渐不去询问了。

但是这样的状况持续数月后,这名员工也萌生出了委屈的想法:"为什么这个工作只有自己在做呢……"而周围的人却表示:"反正问你要不要帮忙也会被拒绝,省得自讨没趣……"于是,职场的气氛开始变得冷淡起来。

"不能休息，也没人能帮忙"——业务没有实现共享、合作的公司

另外，随着工作的分工越发明确后，明明办公室里办公桌摆在一块儿，可员工却不知道旁边坐着的人在干什么也是常有的事。而随着在家办公的人不断增加，更是加速了这种趋势。

于是便容易出现很多员工认为不管有什么事也不能请假，没有人能够帮忙的情况。

现在是谁在做、做什么、如何进行等具体工作情况没有在员工之间共享，所以即使办公室里有其他人在场，他们也不能突然代替正在做某项工作的人处理其负责的工作。而唯一掌握整体情况的只有管理者本人。

改善对策

打造共享信息与工作的机制

由上司决定将哪些不重要的工作放在一边

一些工作责任感较强，遇到困难会硬扛过去的人容易独自扛下事情，就像前面举的例子一样，这样的人在工作中只会

一个人把苦水吞到肚子里。

但是，从整个组织来看，这样的做法是不可取的。所以，当上司看到团队出现这种工作分配不均的情况时，要给独自承担许多工作的人多分配一些员工去帮忙，或者通过外包等形式，请专业的人士提供支援。

当出现一些新事物的时候，上司还要判断工作的优先顺序，将不重要的事情果断放置一边。这样做才能减轻员工的工作负担。

打造可自主共享信息的机制

职场中少不了信息的共享。然而，在居家办公已普及的今天，通过平日的随意交谈实现信息交换的机会变得越来越少。

首先我们应该认识到，万一有人因为生病或受伤而无法工作时，工作就会有中断的风险。正因如此，公司要建立一个信息共享机制，防止公司内的工作黑箱化。

"知识共享"分为"存量型"和"流量型"

"存量型"是在数据库等存储空间中积累过去工作内容的一种做法。

例如，将成功案例的经过汇总成文件，将与大订单相关的企划书保存起来以便查看；还可以保存偶尔发生的且被认为是必要的、很难通过经验传承的工作内容和技巧等，并加上检索功能，以便员工在需要参考资料的时候，能立刻检索到相关信息。光是做到这一点，就能在很大程度上防止工作的黑箱化[①]。

但是，在风云莫测的当下，过去的工作经验和成功案例对现在的工作并不一定有直接的借鉴意义。

在这种情况下，就需要上司将目前遇到的问题与团队成员共享，并将各种各样的想法和对策方案也及时地在内部共享。这种方式叫作**"流量型"**信息共享。

例如，客户提出了与以往不同的要求，那么无论员工如何搜索过去的库存信息，都不可能找到对应的解决方法。在这种情况下，销售部的负责人就需要告诉部门员工这一新情况。

由此还能发现有的销售工作也因为同样的情况而陷入困境，通过这样的信息交流，团队成员就能共同找到应对之策。同时，公司总部和相关部门也能查看到相关信息，倘若这些要求对公司今后有帮助，就会很快地与新商品、新服务的开发联系起来。

只要构建线上共享平台，"流量型"信息共享的方式就能

[①] 工作的黑箱化是指如果没有这个人，业务就会出现停摆的风险，使管理陷入困境。

摆脱线下无法见面带来的信息交流的困难，创造一个大家可以及时互帮互助的环境。

综上，公司需根据自身所处的状况和工作特点，思考哪些信息应该进行"存量型"共享，哪些信息应该在"流量"中同步，并建立起完善的信息共享机制，就可以超越以往只会慌忙补救的工作状态，优化成能高效工作的优秀团队。

而这种机制之所以不可或缺，也是因为如今的许多公司都引入了 1 对 1 的会议工作机制。这种基于单间或网络会议的 1 对 1 会议，使得整个项目的进展只有项目负责人知道，而其他团队成员很可能对其他人的工作情况一无所知。

交流分为**"分享型"**和**"分离型"**两种，前者是让大家知道信息的交流方式，后者则是只在两个人或少数人之间共享信息的交流方式。

而 1 对 1 会议就是这种"分离型"的典型例子。这种信息交流方式会使团队成员间发现谁需要帮忙，并自发地去支援同事。所以公司需要有意识地建立公司内部的**信息共享机制**。

组织 类型 **2** 互相推脱工作——不会从公司的角度出发，没有协作意识的组织

"这是某部门负责的工作，不是我们部门负责的"——会互相推脱工作的组织

这是某公司的一个事例。某天有一个需要紧急处理的工作，为此，公司相关部门的负责人聚集在一起协商该如何处理此事。经过一番讨论后，大家终于有了解决办法，正当准备进行实际的工作分工时，一名员工突然表示："我们部门已经忙得不可开交了，本来这件事就应该是某某负责的，还是麻烦某某来处理这件事吧。"他说完便自顾自地离开了。"啊，确实是这样。那就这么办吧，某某，这件事就拜托你啦。"听到此人表态后，其他员工也附和道，并也纷纷离开了会议室。

只留下那名被硬塞工作的某部门负责人悲叹道："啊，这件事只有我们部门自己干吗？"

就算没说得那么直白，公司里也常有部门或员工间互相推脱工作的情况。明明是需要多个部门合作的工作，有些人却

会说："这件事就算我们不处理，其他部门也能做呀。"一旦这种互相推脱的氛围蔓延，员工的工作干劲就会下降，因为大家都会想"反正某人会做""努力工作的人才是傻瓜"。

改善对策

关注"关系质量"，以提高当事人意识

从营造"整体最优视角"和"角色认知"开始

日本的战国武将毛利元就曾教导自己的孩子"三支箭"的道理，即一支箭很容易就能折断，但三支箭合起来便不容易被折断，这个事例常常用来比喻团结的力量。但是另一方面，有些人在集体工作的时候，容易产生偷奸耍滑、逃避责任的心理。

比如**"旁观者效应"**是一种心理现象，即当一件事情发生时，看到这件事的人越多，人们就越觉得"会有人来做"，导致主动性降低。该现象之所以会产生，除了因为人们会有自己不做也没关系的想法外，还有他们担心自己行动后，会被周围的人批判的心理。

此外，还有一种现象叫**"社会性偷工减料"**。法国农学家

马克西米利安·林格尔曼发现了"林格尔曼效应"，即在进行"拔河""拉货"等活动时，人数越多，人均发挥的力量就越少，这一推论在此后也通过各种实验得到了证实。

上述心理现象的共同之处在于事件参与者**缺乏当事人意识**。在"社会性偷工减料"的实验中，如果让参与者在集体作业时知道个人的工作量，或者本身对所给的课题很感兴趣，他们就会非常积极地去完成这些集体作业，社会性偷工减料的情况就会极大减少。也就是说，要让人有当事人意识，就需要让本人明确自己应该做的事情，知道做这件事情的意义是什么。

那么，当员工要进行跨部门工作时，又该如何形成当事人意识呢？关键是要实现**"整体的最优化"**。员工在部门内工作时，只要将各自部门调整到最佳状态，便能实现"部门的最优化"；同理，要实现"整体的最优化"，就要打造全公司的最佳状态。

每个部门都有自己的职责，每个人的工作都与整体相连。正是在各部门的分工和合作之下，整个公司才能正常运作，才能有营业额和利润。所以员工在工作中要有这种让公司整体变得更好的全局观。也就是说，员工不能只想着自己的部门没问题就好，还要意识到"为整个公司营造良好的状态"的重要性。

通过深入沟通，提升"关系质量"

为了提高员工的整体意识，就需要提高"关系质量"。"关系质量"是指通过言行提高彼此关系的质量，例如相互理解和尊重、培养信赖关系、真诚沟通和交换意见、大方地表达自己的想法、做出积极的反馈让对方成长等。

这里想给大家介绍麻省理工学院前教授丹尼尔·金提出的"组织成功循环模式"（见图 3-1）。要想让整个公司良好地循环起来，首先要让员工之间相互尊重和认可，提高共同思考的"关系质量"。于是，员工就会注意到要学会共享、培养具有当事人意识的思维品质，进而与主动、积极挑战的"行动质量"相联系，提高"结果质量"。与此同时，这又会加深彼此的信赖关系，形成提高"关系质量"的良性循环。

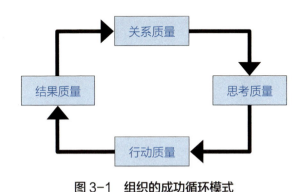

图 3-1　组织的成功循环模式

但是，另一方面，如果拘泥于"结果质量"，只追求结果，反而很难做出成果。如果员工间变得对立，或上级给下级施加压力，就会导致"关系质量"下降。然后员工便在不良的职场氛围里变得被动和停止思考，影响了"思考质量"。"行动质量"也会随之降低。最终，"结果质量"下降，形成一个恶性循环。

因此，公司要实现整体的优化，首先就要提高"关系质量"。

组织类型 3 无法做出决断——缺乏沟通能力的组织

"这个项目现在有在做吗?"——各种请示让工作进展缓慢

某企业管理者的办公桌上堆满了厚厚的请示文件,每份文件上都盖满了确认印章。

"感觉上司就是怕自己一个人承担所有责任,才让各个部门都确认文件。"

"是呀,有时候等到最后一个人盖完章了,文件内容就过期了……"

"上司就是怕以后万一发生什么事,这样做就可以推脱说'大家都确认过文件'吧。我真怀疑大家都有认真看过资料吗?"

"由于请示过于频繁,现在都不知道这个方案还在做吗,还是又停止了?或被驳回了?感觉大家都已经放弃了。"

请示书的作用在于不需要相关员工各自收集资料,便可统一确认内容,且能让大家共同决定是否推行,当得到一致的意见后,就可以着手推进方案。相反,其缺点是需要花时间向各个部门请示，且容易模糊谁负责的问题。因此，公司在提出方案的时候，需要根据方案内容决定是要请示相关部门，还是通过会议直接决策。

但是，其中也有这样的情况，就是请示相关人员的行为像是成了公司的一个固定流程，可其实没有什么意义，这种流程有时甚至成了方便员工逃避责任的挡箭牌。如此一来，不仅责任不明确，还会让员工的当事人意识变得淡薄，逐渐失去工作热情。

"度日如年的会议"——笼罩着负面氛围的会议

有的公司开会时总是杀气腾腾的。

"一直敌对的两部门总是喜欢互相挑刺。开会的时候，也总是意见对立，无法统一。最后还会把开会不顺的错怪到对方的头上。这种没完没了的冲突让旁观的员工十分厌烦。"

"我们公司的会议总是让我们找出失败的原因，开会真是太痛苦了。大家就在那找理由、推卸责任，天天心惊胆战地想，不知道今天谁是会议的牺牲者。"

◆ ◆ ◆

本来，会议应该是让员工能进行有建设性的讨论、找出解决问题的方案、想出新点子的地方，但是现在，开会成了对大家来说都很痛苦的事情。在这样的职场里，员工的工作积极性自然不高。

改善对策

剔除影响"当事人意识"的因素

了解不下决定的风险，废除形同虚设的请示体系

在风云莫测、信息能瞬时传递的时代里，**"不下决定的风险"逐渐地比"下决定的风险"更大**。因此，公司需要加快决策的速度。

为了适应变化，企业要让包括一线员工在内的所有员工都有"当事人意识"。如果人人都抱着"即使自己不做，也会有人做"的想法，事情就无法进展下去。前面提到的"社会性偷工减料"和"责任分散"的问题也是公司这样的组织里容易出现的问题。

当员工都有了"当事人意识"，他们就能从一线工作中发现对未来有益的变化苗头，并第一时间告诉公司，从而让公司能及时想出办法，满足客户不断变化的需求。

为了提高员工的"当事人意识"，企业需要改变决策的过程。首先摆脱那形同虚设的请示文化，然后创建一个任何人都

能及时地以当事人的身份表达意见的平台。

用"梯式推论法"改变会议

影响员工形成"当事人意识"的一个问题是员工不能自由地在会议上发表意见。"说了也没用"的氛围、"就算自己不赞成，领导也自有决定"的氛围都是阻碍员工有"当事人意识"的大敌。

例如，在会议上经常会有意见相左、无法下结论的情形。如果仔细观察这样的会议，你会发现这类会议缺少得出结论的过程，也就是缺少了前面介绍的**"梯式推论法"**这个环节，无法得出结论的会议中讨论双方只是一味地制造矛盾。有时候甚至是看谁嗓门大、谁地位高，谁就能拍板，但这样做真的好吗？

为了让员工有"当事人意识"，就需要让大家互相理解，得出更正确的结论。为此，要通过"梯式推论法"分享彼此思考的过程。

在争论的时候，人之所以很难放弃自己的主张，是因为"输赢"意识在起作用。

但是，当我们仔细地分享得出结论的过程时，会惊讶地发现一些之前未曾注意到的事实，还会觉得别人的推论是有可行性的，所以会议上不应该由"输赢"的结果来做决定，而应当通过让人信服的方式得出大家都能接受的结论。

也就是说，经过这样的过程，如果能够共享彼此的想法，就能在理解对方的基础上和谐地得出结论。

面向未来，不要纠结原因

开展业务的时候，公司需要找出运作上出现失败和问题的原因，并对其进行整改，且为避免失败的重演，需要从根本上解决问题。

但是，在一些涉及人际关系的情况下，有时不便查明原因。那是因为一旦找出原因，就会演变成谁负责的问题。

而人又有逃避责任的意识，因此大家都不说真话、不说该说的话，导致事情无法推进下去也是常有的情况。在那种喜欢批判员工的公司中，这样的氛围就更加明显了。害怕因为找原因而被人误会成是自己的失败，导致员工有时候明明知道些什么，也只是保持沉默。

在这种情况下，就先不要追究原因，而是集中精力思考该如何解决问题。也就是说，不去查明出现问题的原因、不追究责任，而是把重点放在让大家一起讨论要怎样改善现状。

在心理治疗中，有一种叫作**"焦点解决模式"**（solution focused approach）的方法。这一心理疗法旨在让人不要纠结于找出失败的原因，使得自己沉湎于过去无法改变的痛苦中；而是让人厘清思路，明确自己想要什么样的未来，以及自己现在能为此调动什么资源（能力、资质、支持等），然后集中精力去解决问题。

采用这种思维模式的人就不会因为要找出责任方而降低行动力，反而可以让人更努力地专注于解决问题。要知道，有时候，放下过去、聚焦未来未尝不是一件好事。

无法摆脱从前的成功经验——不能创造新事物的组织

"从前就是这么做的"——缺乏本质思考的守旧主义组织

常有一些公司营业额表现良好，可长期的优秀反而让公司失去了以前谋求发展的动力。有的员工为公司这样守旧、麻木的状态感到不安，便在例会中鼓起勇气对这一现状提出质疑。

"最近公司的发展速度有所减缓，这一点令人担忧。我想我们应该采取一些对策，比如计划新的发展战略或开拓一些新的业务。"

"我们公司有某某这个王牌业务，只要靠它就没问题，不用去折腾其他事情。"

"回想起来，公司在推出某产品后业绩噌噌上涨。想当年……"

于是，领导开始喋喋不休地说着公司那些年的辉煌，最终下属的提议也就不了了之了。

◆ ◆ ◆

就像上述事例那样，在一些公司里，下属提出的新建议会被上司简单地以"这个嘛，我们还是按照以前的样子去做就好了""以前就用这种做法，不会错的"为由舍弃。而这样的组织很难营造出创新的风气。这样的现象尤其容易发生在过去成绩优异的公司里，因为以往的成功经验让这类公司失去了思考的动力。

"没有先例，谁来承担这个责任？"——安全至上的组织

在一些总是怀念过去的公司中，有的公司会在遇到新情况时，因为过于保守的作风而陷入困境。

例如，一家公司的合作伙伴提出了一项很有吸引力的新业务，但要做这个新业务，就需要公司尝试跨行，而该项目被交给了这样一位上司负责。

员工："领导，前几天说的新业务，合作公司那边联系说想要确认后续的进展情况。您看我们该怎么办？"

上司："我觉得那个项目挺好的，但是，其他部门还没怎么表态。现在项目到底由谁负责还没确认好。"

员工："是因为建立新的项目组织很难吗？"

上司："嗯，公司的经营干部不太喜欢这种东西，而且以前也没有接触过，所以要想起步还挺难的。"

员工："这样啊……"

◆ ◆ ◆

出现这样的对话，会导致员工心想："反正提出新的建议，

领导也不会采纳……"然后放弃提议，即使遇到挑战也变得消极、被动。

改善对策

对要保留的和应该改变的事情进行彻底讨论

成为具有"零基思维"和能"从未来倒推"的公司

我们在第 2 章提到过"零基思维"的重要性。不管一家公司在过去取得了多么大的辉煌，墨守成规是无法实现创新的，必须要有敢于否定前例的觉悟，并努力创造出新事物。

这就需要把公司应该重视的东西梳理一遍。**要明确"该留的"和"该改的"事情，该改的要早日改。经营干部和管理者要带起头来，全面讨论公司无法创新的深层原因，并找出解决办法。**

另外，在变化莫测的时代背景下，公司还需要学会放眼未来，比如思考：5 年、10 年、20 年后的世界会是怎样的？面对这样的世界，公司该如何继续发挥自己的力量，并由未来反推出当下需要做什么准备。在此基础上，找出公司在技术层面、产品层面、服务层面等各方面存在哪些不足之处，之后针对具体情况进行改进。

也就是说，公司要打开思路，推想未来，并做好预先准备，而不能只着眼于眼前的情况。

文化人类学家川喜田二郎在其著作《发想法》中就介绍过 KJ 法，这是一种用于汇总数据的方法，能有效帮助公司就未来的发展展开全面讨论。

这种方法的步骤为：将许多信息集中在一起，将相似的信息进行"分组"；为该组添加"标签"；梳理组间关系，使之"图解化"；将汇总的信息进行"文章化"。 这个流程可以让人找出问题的本质，为解决问题带来启示。

采用这个方法的时候，不能预先设定好框架。因为设定了框架并进行分类后，容易遗留和忽略框架范围之外的问题。

所以建议在召开这类探讨公司未来的会议时，公司可让全体成员在便签上写出自己认为公司在未来需要什么。然后共同分析这些想法，并以此为基础建立一个连接未来的新框架。

通过这种方式，就能让许多员工都参与其中，便能有效地提高员工的"当事人意识"和对提议的"接受程度"。

重新设计挑战的评价制度

为了让公司能自然地产生新挑战，就需要调整自家的评价机制。因为如果评价制度否定挑战失败的人，将其排除在主流之外，且不再给人机会，当员工看到之前有过这样的评价案例，便不会去主动迎接挑战。

那么该如何调整对挑战的评价机制呢？例如，当员工挑战新事物或难度高的事物时，给出 2 分评价，如果失败了就在此基础上减 1 分。这样就能明确加减分的具体原因，即使员工挑战失败了，也能得到分数。而对什么都不挑战的人，每年的评价要扣 1 分。

就像上述这样，一家公司在人事层面上，需要通过"结构""制度""政策"，结合员工想要开始做什么、挑战什么的想法进行有效管理。

组织类型 **5** 只是嘴上说说"理念"——细节处没有注入灵魂的组织

"理想和现实是不一样的"——未渗透企业理念的公司

虽然许多公司会通过各种方式向员工传达理念、训词、使命、愿景、信条和承诺等重要信息，但是现实是，很多时候，公司并没有将这些内容很好地渗透到公司内部。

有的公司老板在电视上看到其他公司通过提出公司信条，成功地提高了业绩，深受触动的他便兴奋道："我们也要创造一个属于自家公司的信条！"说罢便着手于这件事。

但是，被分配负责这一工作的员工却说："就因为别的公司在做，所以我们也得跟着做？"听从老板指示的上司也只能无奈地说："老板很重视此事，还是好好干吧。"说完便甩手给下属独自处理。

虽然公司总在每天早上让员工唱颂公司的训词，但也仅此而已。嘴上尽管经常挂着"全力以赴，为了顾客的笑颜"，但实际上只看营业成果，比起顾客，公司更关心数字。这样的职场氛围，让员工总觉得公司实际做的和说的不一样。

一名新人在就职活动中访问前辈时问："之前在说明会上了解到前辈公司的使命、愿景和价值观，真的很让人感动，太了不起了。请问前辈当时具体提出了什么样的建议呢？"听到后辈的问话后，前辈无言以对，因为这样的使命、愿景、价值观，自己可是在刚进公司的时候就听说过。

诸如此类，很多公司的理念要不就是和实际有差距，要不就是根本就没有渗透进内部。这样的矛盾会导致员工慢慢对公司失去信任，失去工作的动力。

改善对策

引入"人事机制"，实现"企业理念"

"企业理念""核心竞争力""结构、制度和措施"三位一体

企业理念成了纸上谈兵，员工工作动力下降。究其原因可能有很多，但大多数公司在这方面的失败都有一个共同点，那就是企业理念中提出的行动没有很好地与实际的人事评估机制等结合在一起。

管理中有两点很重要，一是实现企业理念，二是成为在

竞争中不服输的顽强公司。为此，我们来考虑一下实现这两个目标的人事机制。

从结论来说，"企业理念""核心竞争力""结构、制度和措施"三位一体是很重要的（见图3-2）。

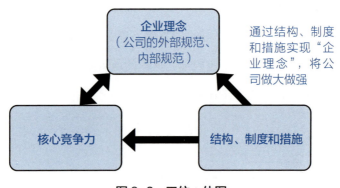

图 3-2　三位一体图

注：第3章的第15节将具体说明内外部规范。

"企业理念"往往由两个要素组成。一个是企业希望提供什么样的价值让企业生存下去，希望得到什么样的社会支持来发展。另一个是员工实现这些目标所需的重要思想和行为标准。

"核心竞争力"是公司的核心优势，是与竞争对手抗衡取胜的关键。这可能是高科技能力，也可能是生产力和采购能力，或者是快速的应对能力。它会随着时间的推移而改变。

人事的"结构、制度和措施"是调动人员、建立组织的基础，其适用于评价制度、信息共享机制等与人有关的所有

"结构、制度和措施"。

只有"人"才能实现"企业理念",创造出"核心竞争力",并使之不断进化。因此,只有三者融为一体才能发挥作用。

一家没有成功案例的公司,不能直接尝试模仿案例公司的人事机制,因为该公司的"企业理念"和"核心竞争力"很可能与自家公司不一样。公司需要考虑适合自身的人事结构、制度和措施。

思考并发展适合自身的人事结构、制度和措施其实很简单。首先就是要确定符合"企业理念"的行为以及与"核心竞争力"相关的行为是什么,然后鼓励员工做出这些行为,并对实际做过的人进行评价。因为如果一家公司无论提出怎样的理念,都无法发现或重视为之奋斗的员工,那么又有谁会愿意忠于这样的公司呢?

此外,也经常有这样的情况,经营者总是想着"企业理念",实际上却没有向员工传达其中的灵魂。

要在公司内部渗透企业理念,管理者起着很重要的作用。具体来说,要让他们发挥两个作用。

一个是跟员工解释清楚经营者和经营团队的想法,且不能歪曲内容。

另一个是在日常生活中帮助员工理解"企业理念",并提

供相应的指导。

"企业理念"不只是说说而已，而是需要与每一个业务结合起来。公司的领导要跟员工说明公司是如何将自己的"企业理念"和事业联系起来的，并让员工真切感受到这一理念，让他们通过工作体现出来。

所以，公司在培养管理者的时候，要重视管理者对"企业理念"的理解，并且确认公司的管理培训等活动内容是否贴合"企业理念"。

另外，公司还要再确认公司内的一切是否都与自身的"企业理念"相符。例如，公司内部报纸的报道和从前的成功案例是否体现出了自家的"企业理念"。在选定表彰者和晋升人员时的评价标准中，又是否加入了体现"企业理念"的观点等。

要在公司内普及"企业理念"，不能仅靠公司领头人单方面地传递信息，还需要公司将理念努力渗透到日常的工作标准中。

"挑战""改革"……只会画大饼的企业——言行不一的组织

"没有挑战是无法成长的！"——只会虚张声势的组织

一家公司的社长在新年致辞中，提出了"挑战""改革""革新"等许多振奋人心的字眼。在面向全公司的声明中还写道："我们公司必须摆脱陈旧的体制，从现在开始做出改变。"

但实际上，一些新颖的商品策划依旧没有得到通过，被采纳的方案还是以往做了许久的老策划。导致年轻、有干劲的员工纷纷厌烦，最终跳槽，公司内部形成了恶性循环。这些高层真的想要改革吗？

"超过规定的加班时间，按下个月算"——过度反应的隐蔽型组织

一家公司急需进行工作方式的改革，所以开始严格把关员工每月的加班时间。

超过时间的员工就要跟产业医师[①]面谈，接受严格的业务改善指导。

员工的加班情况也似乎成了管理者的评价指标。

可能是因为这样，传闻加班多的科室，每个月都会在会上被经理训斥。

也因为公司的这次整改，让以前总说"你那么早回家干什么，多加班工作吧"的上司，口头禅变为："不要加班，早点儿回家。"

但有一些员工在活动时期加班剧增，上司又会试图掩盖违规情况，跟员工说："超过规定的部分，按下个月算吧。公司会付加班费的，各位没意见吧。"

改善对策

消除左右为难，贯彻言行一致

[①] 产业医师：为了让劳动者能够在健康、舒适的工作环境下工作，产业医师从专业的角度为劳动者提供指导和建议，该工作旨在保持和促进员工的身心健康。——译者注

让人左右为难会影响员工的精神状态

公司提出的工作要求有时会不符合实际情况。在"说的和做的不一样"的职场环境下，试问又有谁会愿意认真干活？因此，公司要做到言行一致，打造良好的职场氛围。

除了前面提到的例子外，在职场中也经常能看到这样的场景，有些领导会跟下属说："有不明白的问题，你要马上和我商量。"可当下属真的去找他商量时，他又会说："这问题你自己想办法。"

这种相互冲突的交流就称为**"进退两难"**（Double bind）。下属因为领导的双重标准，陷入左右为难的境地，大脑变得混乱，不知道该如何行动。而且，在这种情况下，不管下属做出哪种选择，都会被领导训斥，使得下属陷入高压状态。严重情况下，甚至会影响到个人的精神状态。

这种让人左右为难的交流方式不仅会使员工的精神压力增大，还会导致员工的自主性降低。员工不知道该听哪一个指示，所以逐渐丧失自信和自主性，最终导致整个职场环境变得越来越差。

为了防止公司出现言行不一、让人左右为难的情况，首先就要统一全公司的信息，确保所有人员都贯彻执行。

但关键是，公司提出的目标和要求是否具有时效性？是否明确了在内部传递信息的步骤和方案？

而且，在推进这一过程的时候，公司要进行全面的思考，确保方案能够被执行。为此，就要运用到 PDCA 循环法。

让进化的组织兼具自由与纪律的 PDCA 循环法

许多公司常使用"PDCA 循环法"进行组织管理。整个流程涵盖了策划（Plan）、实施（Do）、检查（Check）、处理（Action），这是一个非常重要的组织管理周期。

但是，细看其中的过程，策划阶段中，一般只有部分人会积极地出主意。在检查阶段中，员工因为有所顾虑，难以坦率地提出意见，无法做到客观检查的不在少数。

自由和纪律是推行 PDCA 循环法的两个必要条件。具体来说，要让员工"自由"地提出想法和意见，在需要切实执行的地方，通过"纪律"来管理组织，使组织运作张弛有度（见图 3-3）。

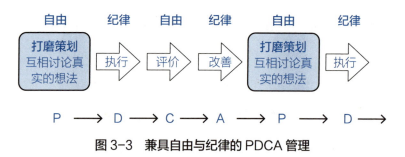

图 3-3　兼具自由与纪律的 PDCA 管理

之所以要平衡好自由和纪律，是因为如果过于"自由"会让想法层出不穷，导致方案迟迟无法落地实施；如果过于讲究"纪律"，员工就会因为各种顾虑而不敢提出意见，有时可能会导致公司没有发现潜在的危险。

正因如此，只有平衡好自由和纪律，发挥两者的良好作用，组织才能运作起来。所以各位请务必看看自家公司是否做到了这点。

组织类型 **7** 社长很忙 ——没有领头羊的组织

"永远不被委以重任?！"——只有社长在忙的扭曲组织

◆ 即使是微不足道的小事，也需要社长的批准；

◆ 社长什么事都要插一手；

◆ 社长常常在外面忙碌奔波，导致需要社长做决策的关键时刻，他总是不在公司；

◆ 中高层领导和员工一起好不容易制订出的计划，总是会被社长一句话打回去。

这种情况往往出现在一言堂体制下，公司的大小事务常常是由社长亲自做决定。这种公司常常是在强有力的领导下成长起来的家族企业和风险企业。但是要知道，社长一人之力也是有限的。

"社长不在的话工作就进展不了"这种情况是公司没能放权于员工的表现。这不仅会导致员工永远无法自立起来，还会让他们产生不被公司信任的感觉，失去工作的动力。

📇 改善对策

共享看待问题的角度和立场，培养公司的追随者

组织需要的是"领导力"和"跟随力"

组织之所以处于这种状态，是因为组织没有跟上公司的发展。社长如果注意到这一问题，就会意识到要进行改变。但这不仅是社长个人的问题，公司其他领导和员工也存在问题，共同促使公司变成了这种状态。

一个组织不仅需要有强大的"领导力"，还需要有支持它的"跟随力"。"跟随力"是指以自主判断和行动跟随领导，使团队成果最大化的力量。**有能力的"追随者"能够创造出这股力量，帮助组织顺利运转。**

卡内基梅隆大学的罗伯特·凯利在《领导力革命》一书中指出，"追随者"必须具有对组织的"贡献力"（积极参与）和对上司的"建议力"（批判性思考）。

"追随者"不是单纯地言听计从，而是会以自己的方式验证领导的指示，有时还会提出建设性的批评，在需要的时候会很好地向领导传达创新意见。

"追随者"大致有5种类型（见图3-4），其中，公司尤其需要认真考虑如何培养"模范型追随者"，以此营造活跃的职场氛围。

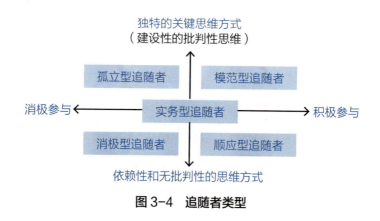

图 3-4　追随者类型

用社长的"视野"和"视角"来判断事物

员工和中高层领导要想成为"模范型追随者"，就必须学会用与社长相同的*视野*和*视角*来思考问题。

如果员工和社长的"视野"和"视角"不同，即使接触到相同的信息，从中选取的东西也会不一样，基本上都是选择各自关心的事情。正因如此，公司需要填补员工与领导在"视野"和"视角"上的差距。

但是，让员工和社长能够互相理解各自不同的"视野"和"视角"，并不是说要让员工完全听从社长的想法。只是说，人不实际站在另一方的立场上看待事物，是无法理解对方的想法的。

正因为如此，社长在进行决策的时候，要跟员工解释清楚"自己为什么想要这些信息？""为什么要重视这些信息？""自己实际上是如何判断的？"员工在日常工作中听取这些说明后，便能慢慢地理解社长的决定。

此外，还有一种方法是让员工和其他中高层领导向社长提出让公司变得更好的建设性意见。

在会议中，员工和其他中高层领导向社长提出建议，并让社长不断地提出否定，通过不断地交流，可以将提出的建议打磨得更好。这个讨论有助于员工理解社长的"视角"，共享"视野"。社长会向员工具体说明其他方案中的不足之处，否定其他方案的原因，应当注意什么地方，双方的想法存在哪些不同之处等。

通过这样的过程，员工便能亲身感受并了解社长的"视野"和"视角"。这种"视野"和"视角"的共享不仅体现在社长与员工及其他中高层领导的关系上，在管理者与普通下属的关系上也是如此。只有上级跟下属传递和共享自己的"视野"和"视角"，才能让下属真正理解并快速成长起来。

管理者是反面角色——没有榜样的不幸组织

"总觉得在这个公司升不升职也无所谓"——一个让人无法感到未来魅力的组织

有些公司的管理者的工作态度和工作方式会打击员工的工作积极性。

例如，在快速发展的公司里，除了员工外，往往还有身兼数职的管理者，这类管理者常常给员工留下下面这样的印象：

"做管理的总是忙得不可开交，看起来很累的样子。工作量和责任只会不断增加，这个位置似乎不好坐呀。"

"负责人总是要出差、加班，干这个职位就得变成工作狂，容易跟家人关系变差。我就在想，工作有必要那么拼吗……"

诸如此类，这类管理职位总是会给下属工作量大、压力大的负面印象。

以下是大企业、历史悠久的公司等内部管理者比例高的组织中常有的情况：

"我之前请上司去喝酒，可上司却一直说着公司和他的上级的坏话。身为管理者，解决那些问题是他的本职工作呀，但这人却没什么毅力。"

"我的上司快退休了，一点儿干劲都没有。就跟玩双六游戏一样，感觉他似乎到头了，也就不想努力了。一想到自己以后也会变成这样，就觉得可悲。"

"管理者就是被人捧得太高了，自己什么都不想做。什么都得由下属来做。说实话，太耽误事了。"

甚至还有下面这样无可救药的案例：

"工作时总是看着上面办事，却把下属的事放到一边。"

"功劳归自己，失败归下属。"

"对上卑躬屈膝，对下嚣张跋扈。"

这类上司没有认识到自己应当担负的职责，让员工对有这类上司的公司产生了不信任的情感，导致员工失去工作干劲，这是公司应当注意的问题。

改善对策

建立起一套培养模范上司的机制

认识到榜样在职场中的重要性

当一个人刚刚进入社会，去掌握新的行为方式时，不仅需要自己实践、尝试，还需要有一个可以参考学习的**"榜样"**。

一般人总是会跟着前辈学习销售的方法，或者模仿并掌握擅长社交的人与顾客的对话方式。好比很多创业公司的经营者会阅读与史蒂夫·乔布斯和松下幸之助等名人有关的书籍一样，这也是了解榜样的一种手段。而其中对学习者影响最大的还是身边的前辈们。"3年后、5年后、10年后，我会变成什么样？""当上领导后会变成什么样？"学习者可能会通过观察前辈来想象自己的未来。

心理学家阿尔伯特·班杜拉认为，**人类要掌握社会行为，需要对他人的行为进行"建模"（观察学习）**。正因如此，当公司没有有吸引力的管理者作为榜样时，年轻的员工就很难想象和描绘自己的未来发展道路。

近年来，企业里越来越多的员工对晋升不太感兴趣。其中一个原因是人们工作价值观的变化，还有一个原因便是年轻人看到前辈的样子，感觉不到晋升后的魅力。职场没有有魅力的上司，没有榜样可立，这样的企业又怎能留住人才呢？

在新员工辞职的理由中，经常会有提到**"现实冲击"**一词。根据心理学家埃德加·亨利·席恩的说法，"现实冲击"

是指"第一次遇到自己的期待和梦想与实际工作之间的差距而产生的冲击"。

许多研究也表明,这种"现实冲击"会导致员工对公司的忠诚度和工作积极性下降,新人离职和旷工的现象增加。这类研究还表明,"现实冲击会降低员工对上司的信任感"。

可见上司的存在对年轻员工起到的作用之大。

通过"全方位评价"让上司注意到自身的行为

上司作为"榜样"也是很重要的存在。但是,自己到底有什么样的问题,单靠自己是很难意识到的。

要想发现自身的问题,最有效的方法就是进行"全面评估"。例如,员工是怎么看待某位上司的言行的?上司的领导又是怎样看的?他人的评价与本人所想的是否有差距?如果有的话会有什么样的差距呢?让员工提出真实的评价,上司就能通过各种各样的评价注意到自身的问题,从而重新审视自己。

心理学家约瑟夫·卢夫特和哈里·英厄姆提出的**"约哈里窗口"**概念,便是建立在此基础之上。这一概念阐明了自己和他人对自己的理解。"约哈里窗口"共有四扇窗(见图 3-5)。

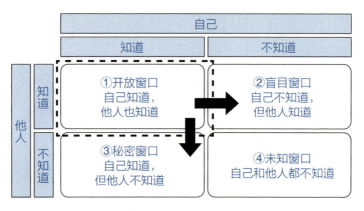

图 3-5　约哈里窗口

①开放窗口：自己和他人都知道的自己。开放的、易于行动和理解的部分；

②盲目窗口：别人知道但自己没有注意到的自己；

③秘密窗口：自己知道，却对他人隐藏着的自己；

④未知窗口：自己和他人都不知道的自己。

在与他人的人际关系中，"①开放窗口"越大，自己越容易被他人理解，易于采取行动，交流就越能顺利进行。

要把"②盲目窗口"变成"①开放窗口"，就必须坦诚地接受并理解他人的反馈。

另外，"③秘密窗口"是指只有通过自我公开才能让他人了解自己的部分。

公开上述窗口后，才算做到真正意义上的"全面评估"。

但是进行"全面评估"需要注意两点。

一是**作为"他人"的周围人需要抱有"善意"，即做出的评价要为对方着想，告诉对方自己对其真实的评价。**

例如，评价中如果有贬低或惩罚受评者的近乎恶意的行为，就只会让受评者受到伤害。

二是**公司里大多数员工的想法需要贴近组织的正确理念。**

因此，如果在一个员工之间想法差异大且存在偏颇观点的公司中引入"全面评估"，公司里某些原本行为正确的员工就容易被误导。

例如，公司中有的人不畏苦难、志向远大，其他人却没有追求，只会按部就班地行事。那些有追求的员工会怎么样呢？他们会被别人指责好高骛远，是公司里的另类。最终很可能导致这些原本想法正确、有上进心的员工不得不扭曲"自我"，同流合污。

相反，意识到这一点的人，会觉得待在这样的公司里十分愚蠢，甚至会以公司推行全面评估为契机，离开公司。

公司推行人员的全面评估本质上并没有什么错，但在实施前，需要注意观察公司的日常状况，并健全和完善公司的体制和职场氛围。

总是十分紧张的职场氛围——暴躁、不安、不快滋长的组织

"社长（部长），您现在在吗？"——因为上司太可怕，员工不敢说真话的组织

有些公司的社长一来，全场气氛冷若冰霜。部长一出现，办公室内顿时鸦雀无声，紧张感也油然而生。

可以说在很多职场中，只要上司一出现，许多员工就心头一紧。但是，这种紧张感一旦过度，员工就只会看上司的脸色行事，公司就会变得死板、不会变通……

不能自由说话的职场是无法创新的。

"哎，你怎么知道的？"——一家员工会到处乱说的公司

除了上司有问题外，整个组织如果让员工觉得职场氛围紧张、不靠谱，也会导致员工的工作效率和积极性下降。

比如某个员工和同事在某天无意间聊到某个话题，第二天不知为何就被上司叫过去问话："你是不是也听说了这事？"

然后这个员工就会不安地想："这话是谁泄露出去的？"

如果这样的事情频频发生，职场里形成员工喜欢谈论各种流言蜚语的风气，经常传出一些似真似假的传闻，就会导致公司里的一些消息真假难辨。

这种充斥着不安、怀疑等负面情绪的公司，相信在现实社会中并不少见。

摆脱上传下达，创建能让员工心安的机制

建立双向沟通型公司，实现上下级的顺畅沟通

有些公司的社长或上司一出现，整个现场气氛就会瞬间冷了下来，这是因为员工都对以往公司里的恐怖领导方式了如指掌。这类公司的领导会在平时独断专行或以心情决定人事安排，这种扭曲的机制如果不加以纠正，公司很难有未来。

一些只会单方面地上传下达的公司就是这类情况的典型。

有些小公司或小组织，因为规模小，所以这类公司的领导往往可以观察到公司的整个状态，在追求"速度"的市场竞争中，采用上传下达的组织形态不失为一种好办法。甚至可以说，

这种形式能让这类公司更容易从竞争中获胜，并得到发展。

但是，随着公司规模壮大后，领导就难以把握全局，不能对所有事情都一一做出正确的判断。很多变化是在基层工作中出现的，所以这类公司要想发展，关键就是要让基层的信息和意见能快速地传递给上级。

而且，上级的指示也不能只是单方面地传达内容，还需要跟员工说明决策的背景和理由等，做好高效、认真的信息传递工作，形成这样一个能够双向交流的组织。

此外，公司还需要提高评价的透明度。让员工不要一味地看上司的脸色做事，而是要建立一个能让员工专注于自身工作的机制。

在员工之间建立"智慧之环"，提高员工的安全感

除了要打通上下级的双向沟通渠道，还要激活横向的沟通方式。这两种做法都是为了**提高员工的心理安全感**。

谷歌之前就因宣布"要想提高团队的工作效率，就需要提高员工的心理安全感"而引起广泛关注。所谓"心理安全感"，是指在组织中，每个人都可以放心地说出自己的想法和感受，并采取行动的状态。

"心理安全感"之所以比什么都重要。是因为在当今时代，一家公司要想完成最尖端的工作，就不能只靠个人思考，还需要集思广益，才能找出最优解。

也就是说，每个人都要灵活运用他人的见解、想法和经验，而公司要想做到这一点，就需要先让员工有心理安全感。公司领导在发言的时候，要考虑到员工的感受，只有形成良好的职场氛围，才能让员工一同为公司创造出智慧的结晶。

值得一提的是，倡导"心理安全感"的组织行为学家艾米·埃德蒙森在其著作《无畏的组织》中介绍了以下 7 个衡量组织"心理安全感"的问题。

各位可以看看自己的公司有没有以下几种情况：

①员工在团队里犯错，肯定要受到责备；

②团队成员可以提出困难和问题；

③团队不承认与众不同；

④在这个团队里，成员可以放心冒险；

⑤很难向这个团队的其他成员寻求帮助；

⑥这个团队里没有人故意做出践踏他人努力的行为；

⑦在与这个团队的成员合作时，个人的独特技能和能力得到了高度的评价和发挥。

※ ①③⑤的问题与其他项相反，对这些问题否定的回答反而属于积极倾向。

对上述问题的回答属于积极倾向的公司，员工心理安全感较高，反之，员工的心理安全感较低。

那么你的公司又是怎样的呢？

组织类型 10 执意寻找"罪魁祸首"——因"性恶论"而多疑和不宽容的组织

"一旦失败，就没有未来"——多疑、挑刺的公司

因为纪律严明，要求认真严谨地完成工作，所以评价严格，实行"扣分主义"的公司往往会出现如下场景。

有些公司收到了外部的新提案时，会一概否决掉这些改革和新方案，因为这类公司认为："一旦失败了，就没有未来。所以不要多想，不要接受新提议，只做已经决定好的事。"所以这类公司在面对新挑战时总是会退缩。

另外，公司内如果有人工作失误，有些员工就会赶着向上司打小报告。而且，上司会认可这样的行为，觉得"员工在问题变大之前报告是好事"，但这会导致公司内部形成互相穿小鞋的不良氛围，让员工在工作时感觉四面楚歌，仿佛周围的人都是自己的敌人。

因此，职场中员工经常会因为相互不信任而感到忐忑不安，使得整体的工作效率不断下降。

◆ ◆ ◆

因为是扣分制的人事评价机制，上司只注意到员工的负面表现而忽略了其正面表现，这种类型的公司很容易挫败员工的干劲。

如果过度使用这一模式，就会让员工形成一种推责意识，即找出造成工作失败的"犯人"，并让其背负罪名，就能避免自己受害。于是，公司内人人都在或拼命寻找替罪羔羊，或终日疑神疑鬼，一旦谁不在现场，就会一齐将责任推卸到此人身上……甚至有形成职场霸凌风气的危险。

改善对策

营造关注员工正面表现的文化，恢复健康的职场风气

根据"性善说"进行人事评价

主张"扣分主义"的上司只关注员工的负面表现，这样会导致员工的工作干劲下降。其根源是一种根植于"性恶说"的价值观，这种观念认为人基本上都是懒惰的、会做坏事的，所以，需要检查其做得失败和无法做到的地方，通过负面评价这种"惩罚"，防止员工犯错和懈怠。

但是，一味地挑刺，就难以让员工拓展新思路。因为这样的职场环境会让员工只会遵照指示做最低限度的工作。在一个追求创造新价值的时代，那些想要超越自我的组织和那些只想着得过且过的组织，就会在实力上拉开很大的差距。

心理学家道格拉斯·麦格雷戈将基于"人生来就懒惰，不愿意承担责任，倘若放任不管他们就不会工作"的观点，采取"糖果和鞭子"的经营方法定义为 X 理论，反之，将"人本来就愿意工作，会为了实现自我而主动行动"的观点定义为 Y 理论。

麦格雷戈认为，当社会生活水平提高，人们生存所需食物的生理需求以及安全需求得到满足时，就需要进行基于 Y 理论的管理，而不是 X 理论。

当社会中的物质欲望在某种程度上得到了满足，**在追求创造新价值的现代，公司需要基于"性善说"，将评价制度更多地关注到人员的优点和能力上来。**

学会思考"为什么要采取那样的行动呢？"

"如何看待他人的行为"是一个很重要的问题。当某人做出了有问题的行动时，我们常常会想要知道这个人为什么会做出这种行为。在这种情况下，"如何看待他人的行为"这个问题就很重要。有不少情况下，当有人采取有问题的行为时，他们就会拼命追究原因，问行为人为什么要这么做？在这种情况下，就可以利用阿德勒心理学中的**"目的论"，即"人的行动是有目的的"这一理论来解决此类问题。**

比如，公司有个员工每次开会都会闹别扭，这时候不应该急于责怪此人："你这是什么态度？"而要学会思考"他为什么会闹别扭（出于什么目的）？"

这样一来，就能发现职场中存在的一些结构性问题。比如"每次开会都千篇一律，所以这个人想要通过这种办法以示抗议"又或者"此人因为平时跟周围人沟通不畅，所以想要通过闹别扭凸显存在感"等。

另外，在想跟人说一些不好开口的话时，托马斯·戈登在他的著作《P.E.T 父母效能训练》中提出，传达信息的一方要用"我"作为主语开头，这类言语成为**"我信息"。**

相反，像是指责、评价、说教、指示等则算是**"你信息"**，是以"你"为开头的言语，很容易变成攻击对方的说话方式。

各位可以试着将上述情况代入公司的日常工作中，比如，当员工迟迟不汇报、不联系、不商量的时候，上级会怎样应对这种情况？

"你怎么都不跟我报告工作情况呀？跟某某公司的项目进展得怎样了？没我帮你忙真的能行？"

一些上司在跟下属沟通时常以"你"来开头。

下面让我们试着把这句话从"你"换成"我"，看看感觉如何。

"我很关心我们跟某某公司的项目进展情况，要有什么能帮上忙的，我义不容辞，你这边要有什么进展也请告诉我呀。"

同样的话，换种说话方式，给对方的印象就会大不相同。

作为一个组织，要以"健康"为目标

一个组织应该关注人类积极的一面，并以此完善自身，这就是著名的积极心理学学者马丁·塞利格曼提出的"健康"状态。

这里的**"健康"**是指"身心充实、优化的状态"，是人获得幸福的关键。

针对这一理论，塞利格曼列出了达到这种状态的五个条件：

①积极情绪（Positive Emotion）：怀有积极的情感；

②全心投入（Engagement）：专注于活动中的状态；

③关系（Relationship）：切实感受与他人的联系；

④意义（Meaning）：感受到人生和工作的意义以及做出贡献的感觉；

⑤成就（Achievement）：工作和活动中有成就感和成功体验。

各位对照上述内容，看看自己的公司满足了多少个条件。在管理公司时，请试着有意识地做到上述几点。

组织类型 **11** 不明所以的人事变动——不透明、不可理解且令人疑惑的组织

"稍微忍耐一下吧"——以公司为先

有些公司会不顾及员工"刚买了房子""孩子要高考了，不好转学""有父母要照顾"等家庭情况，强硬地进行人事调动。在这些公司看来，员工"刚买房就被调走"等麻烦在公司的利益之下显得微不足道，其强硬的态度就像是在考验员工对公司的忠诚度一样，做法老派、霸道。

在跳槽成为司空见惯的时代下，这种频繁强硬地进行人事调动的公司，会让员工的参与度越来越低。实际上，笔者曾做过一个调查，调查对象为跟猎头公司咨询跳槽事宜，或者登录人才招聘网站查看招聘信息的人。调查结果显示，调查对象中，大多数人正是因为公司的人事调动而要跳槽的。

另外，一些公司做出的不合理调动，如让一直从事技术工作的员工突然接任营业经理的工作，又或者让原本想要全身心致力于人事工作的员工当其他部门的经理等，也会打击员工的工作干劲。

"算了算了，别把事情弄复杂了"——做不到信赏必罚的公司

下面的案例中公司的做法也会让员工的参与度下降。

"犯错误的人没有受到惩罚，只是被调到了其他部门而已。"

"明明我那么努力做出了成果，但是就因为和领导的关系不好，所以怎样都没办法升职。"

做不到信赏必罚的公司，不仅不能让员工信服，还会动摇他们对公司的信任。

改善对策

建立让员工主动思考其职业生涯的机制

通过"自我职业码头"帮助个人完善职业规划

在跳槽成为常态的现代，希望员工单方面地忠诚于公司的想法显然十分天真。

而且在当下这个人生 100 年时代①，个人的职业寿命延长

---

① 人生 100 年时代：是指人的寿命普遍达到 100 岁的长寿时代。日本政府于 2017 年牵头成立了"人生 100 年构想会议机构"。——译者注

了，基本上很多人都会工作到老。在某些情况下，个人的职业寿命可能比公司的寿命还要长。

于是，人们也开始意识到这一点，思考如何工作、如何生活，职业自律的意识由此萌生。

因此，许多企业纷纷将"自我职业码头"作为公司的制度，一些未能马上引进这一制度的企业，也在努力学习和理解这一机制中的核心思想。

根据日本厚生劳动省《实施"自我职业码头"的方针和部署》，自我职业码头是这样定义的：

"企业根据其人才发展愿景和方针，通过职业咨询面谈和多种职业培训相结合的方式，系统地、定期地支援员工，促进和支持员工主体职业发展的综合措施，并成为企业内部的'机制'"。

也就是说，企业不能仅从企业利益出发，单方面地进行人才培养，还要考虑到每个员工的职业愿景，让员工能够主动思考自己的职业生涯（见图 3-6）。

企业在职业咨询面谈和职业培训中，给予员工思考"自己想做什么""为什么要在这个企业工作"的时间，可以使每个员工发现自己工作的价值，认识到在这个企业工作对自己职业生涯的意义。

有些企业就会像这样尊重员工个人的职业发展方向，根

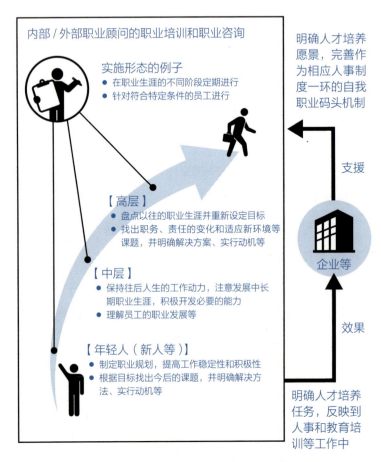

图 3-6 "自我职业码头"的实施图示

注：根据厚生劳动省的《实施"自我职业码头"的方针和部署》制作的示意图。

据具体情况改变部分人事调动。一家企业不能强行命令员工调动工作，做出调动安排前需要跟员工协商，需要考虑以怎样的形式或什么时间，让员工能够接受调动。

实际上，现在有越来越多的企业废除了强硬的工作调动制度，在异地工作的情况下允许员工在家远程办公。这样的灵活机制和为员工考虑的努力，会极大地提高员工的参与度和工作积极性。

从"职务型人事制度"的视角出发，发挥个人主动性

现在有越来越多的企业开始推行与自主职业发展相关的**"职务型人事制度"**。

"职务型人事制度"是指从过去的"对人支付工资"的形式，向"对职务内容支付工资"的形式转变。这一转变的背后有两大原因。

第一个原因是，新时代下，开始出现用以往的工资体系根本无法留住人才的情况。例如，人工智能、数字转型、数据分析师等全球热门技术人才，即使只是应届毕业生，年薪也要超过 1000 万日元，才能确保留住人才。因此，企业有必要引进与以往不同的"职务型人事制度"。

第二个原因是，如前面所述，随着越来越多的人开始关注个人的职业发展，企业要想吸引人才，就需要创造能让员工自主选择工作内容的机会。

通过引进职务型人事制度，就能明确公司内的每个工作（职务）都有什么要求，必须掌握什么样的能力和技能。这也

有利于个人未来的职业发展规划。

另外，公司通过在内部招聘人员填补职位空缺或接手新工作，让员工自发报名参与，以此积累工作经验。因为每个人都是主动参与的，所以自然就提高了工作热情。

即使有企业不能 100% 转为实行职务型人事制度，引进该制度也不失为一个好办法。**因为如果企业懂得珍惜每一名员工，最终无论对企业还是个人都有好处。**

组织类型 **12** 现在还认为长时间劳动是一种美德——不能跟上时代变化的组织

"员工就是要来公司上班呀"——沿用低效工作方式的公司

一方面，有的公司推行减少加班、让员工在家办公等劳动方式的改革；另一方面，也有一些上司和前辈，到现在还习惯下班时，敷衍地对员工说："辛苦了。"

虽然随着技术的发展，很多工作都有条件实现在家办公，但还是有上司强制要求员工来公司上班。

员工申请带薪休假，又会被上司或者同事审问："哎，为什么休假？你是去旅行吗？"同时一脸不悦的样子，似乎认为员工为了点小事休假是很不妥当的行为。

在这样一个被时代抛弃的职场中，员工自然会失去工作的热情。

"还是线下面对面开会的效果好呀"——领导跟不上时代又不自知的公司

在线上召开会议和研讨会已普及开来的现代，越来越多的会议根据主题和内容在线上举办，一台电脑就能创造足够的条件，而且这种方式能减少人员的出行时间，提高工作效率。

然而，有些上司遇到这种情况，就会把器材的设置和操作任务交给下属处理。一旦遇到器材故障或者不懂操作的情况，心情一下子就变得不好，总是抱怨道："还是线下开会的效果好。"

这类上司估计是忘了当年正值办公自动化的时期，因为不懂电脑，最终被时代淘汰的前辈们的经历……这些上司完全没有主动学习新东西的意识。

而且，如果员工说自己正在大学里接受"再教育（指成为社会人后，根据需要接受教育，也被称为'终身教育'和'重新学习'）"，可能会被一些上司挖苦道："有这样的时间，就去工作吧。"导致一些在不断学习、提升自己的员工选择默默努力，而不愿跟公司里的人分享自己的近况。

在这样的职场中，一些有干劲的年轻人很可能会认为："这个公司的发展也就到头了。"

改善对策

评价工作的"附加价值"，排除"同调压力"

按"附加价值"而不是按"工作时间"来评价员工

很多公司领导都明白要改正公司鼓励加班的风气，要理解员工带薪休假的特殊情况，但是，尽管清楚认识到这些问题，却怎么也过不了心理这关。导致这种情况的其中一个原因是，公司还在以"工作时间"来评判员工的劳动价值。

上司们习惯性地想"员工花费了多少时间投入工作中""跟大家一起工作了多久"等，会以"工作时间"来判断员工的表现。

但是最近，有越来越多的工作与时间不成相关性。这类工作往往看重劳动者在工作中创造了多少附加价值。且通常来说，花费的时间越短，表明效率越高，因为创造了高附加值，反而能得到较高的评价。因此，这一现象也让社会重新定义工作的价值，进入了一个考验人是否真正努力的时代。

追求高附加值的时代变化，也衍生出了副业、兼职的盛行。2018 年日本厚生劳动省制定了"促进副业、兼职的指导方针"，鼓励企业拓展副业和兼职岗位。

一般来说，从事副业、兼职的人背景各异，当然其中也有人是因为仅靠一份工作收入太少，无法维持生活，所以才身兼数职。但除此之外，很多人是因为想要通过副业和兼职帮助他们拓宽视野和资源，从而与正职形成良性循环。借由各种工作经验，员工可以开阔个人视野，提高其思维能力，自然也会给公司带来积极的影响。

过度追求"公平、平等"，容易产生"同调压力"

这几年在商务场合，我们常常会听到"劳动方式改革"一词。日本厚生劳动省推进的"劳动方式改革"的基本思想是"让劳动者能够根据个人情况'选择'多样灵活的劳动方式"，旨在通过纠正部分公司强制员工长时间劳动的行为等措施，在职场中建立多样、灵活的工作方式，提升职场的吸引力，防止人才流失，解决公司人力不足的问题，从而提高企业业务效率和生产率，形成良性循环。

但是在过去，日本企业由于过分注重追求公平、平等，导致职场中形成了追求统一性的风气。这一行为一旦过了度，便形成了**"同调压力"**这一扭曲的现象。

有"同调压力"的公司会暗地里强制少数派听从多数派的想法并按照其想法行动。各位的公司是否弥漫着如"要和大家一起工作很久""不能随意休息，要一起努力"等奇怪氛围呢？

明明已经过了下班时间，也没什么事了，上司却还在座位上环视着周围。要知道，这就是一种同调压力，会影响周围的职场环境。

同调压力如果过了度，也容易造成职场霸凌。无意识中，形成容易发生职权霸凌、性骚扰、道德绑架等问题的职场环境，所以企业领导更要注意不能让公司内部出现同调压力。

组织 类型 **13** 女性难以出头——偏颇、荒谬的 组织

言行不一——看不出真心的死板组织

有很多企业倡导多元化管理和多元、包容等理念，旨在最大限度地发挥多样性的力量，使企业能更好地发展。但其中有很多企业的实际行动往往与倡导的内容相反。

"在领导会议中，只有男性成员。"

"在全球设有分支机构的国际性公司大张旗鼓地宣传'重视多样性'，但公司介绍的领导和员工全都是日本男性。"

"虽然是出售女性商品的公司，但无论是营销、开发，还是运营环节，都是由男性做主。"

"上层至今都是按旧时代那套观念行事的男性员工，他们的每句话都含有男尊女卑的意味，听得让人反感。"

"公司的一位女领导为了能在不耽误工作的情况下准时下班接孩子放学，总是凭借着超强的集中力工作，也一直保持着优秀的业绩。尽管如此，前几天，升职的却是一名深受男领导们喜欢的年轻男性员工。看到女领导那么努力也得不到认可，

我是不是该考虑跳槽了……"

◆ ◆ ◆

在这样的职场环境中，谁也不会真心去考虑"多样性"。越是优秀的一些人，越容易因为这种不公待遇而失去工作的动力，而考虑跳槽。

改善对策

公司要认识到如果一味墨守成规，就会被时代抛弃

正因为消费者具有多样性，所以公司也要多样化

虽然从 1986 年《男女雇用机会均等法》开始实施至今已经过了许多个年头，但现实中，日本仍有不少公司以男性为中心工作。

在 2021 年度全球性别差距指数（全球男女差距指数）中，日本在 156 个国家中排名第 120 位，在发达国家中排名垫底。特别是在经济部门中，日本管理职位的男女比例排在第 139 位，与世界女性比率的平均值 34.9% 相比，日本仅为 17.3%。

但是，时代确实开始改变了。东京奥组委主席因蔑视女性的发言而被迫辞职，正如该事件反映的情况那样，"多样性"

在现代社会中已成为非常重要的一个议题。

在年龄、性别、种族、宗教、爱好和嗜好等不同属性的人聚集在一起的情况下，如何形成共享不同价值观的文化，是企业在今后需要解决的课题。事实上，目前许多企业都在认真面对这一现实。

这样的社会背景主要源于企业的全球化、社会少子化导致的人手不足、聘用意识和价值观的多样化等。当然，企业要承认多样性的一大前提是尊重基本的人权。在某种意义上，我认为正是因为消费者的多元化，才让企业需要接受多样性。

无论企业的业务是 B2C（商对客），还是 B2B（商对商），哪种客户都是消费者。既然消费者是多元化的，我们就应该认识到企业也必须要多元化。

多样性产生"跳跃性思维"，而"跳跃性思维"是创造力的源泉

多样性也是创新不可或缺的要素。正是在不同的思想、背景、价值观的碰撞中，才会产生新的事物，才会有创新。

爱因斯坦曾说过，摆出观察的结果并不能创造出某个概念。我们需要把思维跳跃到与事实没有直接联系的公理上。"'思维跳跃'对于创造性来说至关重要。"

而多样性是促进"思维跳跃"的重要因素。拥有各种各

样不同观点和背景的人们各抒己见，在讨论为什么这样做的过程中产生了相互作用，从而激发出一个人很难做到的"思维跳跃"。

因此，组织的"多样性"是创造力和进化的源泉。

<table>
<tr><td>组织
类型 14</td><td>因为要带孩子、照顾老人而无法工作
——因制度不完善，让人难以工作的组织</td></tr>
</table>

"没法休息""休息的时候会在意周围的目光"——休息成了"罪恶"的职场

尽管社会上已有与生育、育儿相关的休假制度，但实际上，在公司里难以休假的情况不胜枚举。

"孩子突然发烧也没有别人可以代替工作，所以很难休息，很难找到可以经常照看孩子的人。"

"说是生完孩子后可以有半年产假，领导私下里却说：'你也知道，每年这个时期公司特别忙，休假的事希望你再考虑考虑。'而且，实际上岗位不能一直空缺，所以在休假之前自己很可能就会被公司调到其他部门，在公司的发展也就到头了。"

"妻子怀第一胎的时候我没有休产假，怀第二胎的时候我跟上司商量想休产假，结果对方却不依不饶地说：'你打算休几天？多久？'说白了，就是不让我休假……"

"即使成功休假了，随着次数的增加，周围的人也会变得疏远自己，甚至会挖苦道：'最近某人真好啊，公司制度变得宽松了，员工都可以轻松休假'。"

总之在员工生育、育儿、照顾老人、特殊休假、带薪休假等时期，会反复出现同样的情况。

"乡下的父亲病倒了，休假期间住院手续、护理等事情弄得我焦头烂额，但还得抽时间去买手信，回公司需要送礼，然后挨个打招呼，跟人道歉才行。休个假弄得好像做了什么十恶不赦的事情一样，让人在精神上、金钱上的负担都很大……"

如果公司不能提供一个可以让人心安理得休假的氛围，最终会使不少人想要跳槽，以逃离这样难以待下去的公司。

改善对策

兼顾管理"事（任务）"和"人（心理）"

理解他人，自会拥有感激之情

在进行管理的时候，领导不仅要管好"事（任务）"，更重要的是管好"人"。谁都知道这个道理，但实际上，很多时候，领导都是以"事（任务）"为中心进行管理的。

"谁来做什么，才能让这个项目成功？"

"为了完成本季度的销售目标，谁来提升多少营业额？为了这个目标，现在要做什么？"

"只有你能接手团队目前空缺的这个职位。我希望你能接受培训，快点儿成长起来。"

上述这些情况，都是以"事（任务）"为中心进行管理时出现的问题。管理"事（任务）"的最终目的是要完成任务，不过一般只需决定由谁来负责工作即可。一旦遇到计划外的"休息"，因为会阻碍计划的进展，扰乱团队的工作步调，所以如果有谁突然请假或休息就会不受同事待见。

另外，要管理好"人（心理）"，就要先学会理解他人的处境和心情。

【孩子发烧了，他还在努力工作】→【他既要操心孩子的事，还要兼顾工作，一定很辛苦】→【先跟他说一些宽慰的话】→【然后一起考虑怎样在不耽误工作的情况下，应对孩子发烧的情况】，通过上述一系列的思考和行动，应该就能灵活地解决问题。倘若由于公司的关系，让员工无法处理一些特殊、紧急的情况，领导需要明白员工是在非常困难的情况下，仍然选择在公司工作。怀抱着这份感激，并真诚地感谢他们，相信会提高员工对公司的信赖。

面对变化无常的当下，关键是要目光长远

"在公司工作"只是我们人生中扮演的一个小角色。

唐纳德·舒伯研究了个人的一生发展与职业之间的关系，

他认为人在一生中扮演儿童、学习者、休闲者、公民、职业人、家人等多种角色，这些角色可以在家庭、学校、社区、工作场所等生活空间中扮演，因此他创建了一个名为**"生涯彩虹"**的概念模型（详见第 4 章第 6 节的介绍）。

此外，舒伯还表示，这些角色不是固定的，不同的个体在不同的环境下，每个时期扮演的角色的比重都会发生变化。如果按人均寿命达到 100 岁的情况来算，其比重变化会因人而异。在这种情况下，企业要想让扮演着各种角色的人有好的表现，就需要根据每个人的状况、特点来进行管理。

人所处的情况不是永恒不变的，而是会发生变化的。一些员工会因为一段时间要处理育儿、照顾老人等事情而不能全力投入工作中。但只要事情告一段落，他们就能再次专注于工作当中。从长远的角度来看，公司要让员工产生"想在这里长期工作"的想法，这有利于企业和员工个人实现双赢。

我认为，无论是人还是企业，在重视各自价值的同时，能够实现**"个人与企业价值的交换"**这种双赢关系是很重要的。任何一方都不能将自己的价值强加于他人，我真心希望各个企业和领导能够采取高瞻远瞩的管理方式，学会互相尊重、互利共赢。

无法描绘长期的展望——不懂规划的组织

"未来会怎样呢？"——不能让员工规划其人生的职场

一家快速发展起来的企业，在员工人数还不多的时候，领导一般都是直接交代员工做事。

但是，随着公司的发展，员工数量不断增加，上传下达的难度就变大了。只有跟社长关系近的部门人员才有机会跟社长直接沟通。基层员工没有跟公司高层表达自己意见的渠道。于是，员工开始有了以下想法。

"到现在公司都没有为员工提供申请志愿岗位、志愿部门的渠道。我也是时候跳槽，去做自己想做的事情了。"

除了上述情况外，有许多公司不思改变，还沿用着旧一套的终身雇用制，想让员工通过轮换工作，积攒在所有部门工作的经验后才能晋升。

"因为公司的原因我总是被调动，其实作为员工是很累的。万一公司出了什么事，因为长期的调动，我没能在公司的某个部门扎根学习，感觉无法建立起个人的职业规划。所以我在想是不是该换一个对自己的职业生涯更有帮助的公司？"

这类企业为了让员工忠诚于自己，一般不希望员工有自己的副业。不允许员工有自己的副业，就算员工在公司内的价值提高了，但如果员工在公司外的通用价值没有得到提高，意识到这一点的员工也会产生上述焦虑。

"我会不会成为'井底之蛙'，一想到这个问题就很焦虑。来这家公司，与其说想要赚取收入，还不如说是想通过公司的不同活动来拓展人脉、开阔视野，结果却事与愿违……"对于员工来说，公司企图通过束缚员工，提高其忠诚度的做法是适得其反的。

📋 改善对策

公司要学会为员工的个人职业发展着想

认同公司的内外部规范

什么才能让一个人认真工作？单靠薪酬等"外源性动机"的吸引力是有限的。只有**"内源性动机"**才能使人发自内心地想认真工作。为此，公司要让员工感受到以下两方面。

◆ 认同公司为世界提供的价值；

◆ 认同公司内部的规章制度。

前者是指"对外界（社会）的价值"，比如公司想要为社会提供怎样的价值来生存，想要从社会获得怎样的支持和感谢来发展等。我将其命名为**"公司外部规范"**。

后者则是指"内部（公司内）重视的行动和思考方式"，即该公司认为什么样的思考方式是好的，什么样的行为会被认可，也就是**"公司内部规范"**。

如果不能对"公司外部规范"和"公司内部规范"这两个方面产生共鸣，人就无法认真工作。

正因为认同"公司内部规范"，人才会产生在这个组织中能有所发展的感觉；能自主决定，有工作的价值；能和好朋友一起共事，会感觉更加开心，可以激发人的"内在动力"。

认同"公司外部规范"，才会让人想到，"通过这份工作，可以对社会做出这样的贡献，产生这样的价值"，最终让人描绘出具体的"个人愿景"。

通过对上述两方面的认同，个人才会由内迸发出行动的力量，这就叫**"愿景动机"**（见图 3-7）。

从这一点来看，在前面的案例中，员工对"公司内部规范"的认同感降低了。

尽管公司内部的结构、状况和员工的心情都在发生变化，

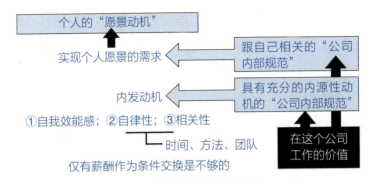

图 3-7 个人的"愿景动机"

注："愿景动机"是一个很重要的词，所以笔者通过动机日本株式会社注册了商标。

但公司仍一如既往地实施旧有的人事政策，给员工带来失望和违和感，并最终挫伤他们的工作积极性。

公司要认识到现在是支持个人"职业自律"的时代

在如今这个人生 100 年时代，如果工作到 70 岁，在此之前能否保持自己的变现价值，光靠企业给予的职业生涯是不足以令人放心的。因此，个人的职业观和人生观就变得尤为重要。

这就需要企业理解个人的"职业自律"。"职业自律"包括以下三点：

①在认真对待工作的过程中，发现自己的适应性和可能性；

②发现关于工作和人生的价值观，也就是自己看重的东西；

③不断预测世界的变化，为了能够实现自己理想的工作和人生，不断地做准备。

个人会在不断积累以上三点"职业自律"的同时，主动思考自己的工作和人生，并朝着这个方向发展。而企业就需要为员工个人"职业自律"的推进提供支持（见图 3-8）。

积累①②③点，主动思考自己的工作和人生方向，并朝之前进。

②自觉认识工作和人生的价值观，了解工作和人生中自己重视的是什么，为了实现这个目标，应该做些什么，应该掌握什么等，不断思考实现目标的对策。

③在不断预测世界变化的同时思考自己的工作和人生，时刻意识到世界的变化，思考在变化中，自己应该做些什么，从现在开始应该掌握些什么等。思考自己的工作和人生所需要的东西，做好适应变化的准备。

①在接触工作、努力工作的过程中，了解自己的适应性和可能性。从偶然接触的工作中也能发展自己的事业。

图 3-8　在工作到 70 岁的时代下，个人需要做到"职业自律"

注：来自日本动机株式会社独立制作的"职业自律"概念图。

　　研究组织与人的关系的美国心理学家道格拉斯·霍尔是这么阐述"变幻莫测的职业生涯"（protean career）的重要性的。

　　"protean"一词有不断变化、变幻莫测的意思。语源是希腊神话中的海神普罗特斯。普罗特斯是一个神，他可以变成动物、树木，甚至水，可以根据需要变幻莫测地改变姿态。同样，**人也需要灵活地发展个人职业，根据社会和环境的变化，按照自己的意愿自由地改变自我**（见表 3-1）。

表 3-1　"变幻莫测的职业生涯"与"传统的职业生涯"的对比

项目	变幻莫测的职业生涯	传统的职业生涯
主体的核心价值观	个人：自由、成长	组织：晋升、全力以赴
重要的表现方面	心理上的成功	职位、薪水
重要的态度方面	工作满足感 专业承诺 你能尊重自己吗？（＝自尊心）	组织承诺 我从这个组织中得到尊重与否（＝他人对我的尊敬）
重要的身份方面	我想做什么 （＝自我意识）	我该怎么做 （＝组织意识）

注：摘自《新版职业生涯的心理学（第 2 版）》，渡边三枝子编著。

　　在"变幻莫测的职业生涯"中，职业生涯的主体不是组织，而是个人。个人往往注重工作的满足感和心理上的成功，注重自由和成长。

　　前面提到的许多企业开始实施的"自我职业码头"，正是促进这种个人"职业自律"的支援措施之一。

企业为员工提供个人职业规划的帮助，乍一看不过是支出一项无用的经费，但通过这种支援，可以让员工明白"我为什么要在这里工作"，从而提高员工对组织的贡献度。

因此，个人要实现职业自律，需要企业制作"职业档案"和"职业履历"，不仅要记录每个员工的职业履历（经历），还要记录员工本人在想什么，想要什么样的职业生涯和人生。

公司和员工间明确"组织的期待"和"个人的工作期待"，充分创造相互认同的机会。公司帮助个人实现"职业自律"，对个人和企业来说都是一种成长。

第 4 章

随着员工的改变，公司也跟着改变——基于"组织心理"的管理

在追求创造性的时代，紧张感会带来反效果——要确保员工的心理安全感

激发个人的干劲，可以为公司带来最大的效益。

因此，公司和上司需要了解以下关键词：

心理安全感、黑箱化、头脑风暴。

员工的"心理安全感"甚至会决定一家公司的存亡

在瞬息万变的时代里，要想"创造"最先进的工作，仅靠自己一个人的知识和经验是做不到的。

因此，工作时，我们需要创造一个能够让人们自由交换意见的环境，让他人参与进来，将他人的经验和智慧化作自己的力量灵活运用。也就是说，一家公司需要确保职场能给员工提供心理安全感。

我在第3章第9节就介绍过"心理安全感"，因为其对一个组织的持久性也有很大的影响，所以我在这里想再次从不同的角度对这一概念进行分析。

一些公司存在人事评价实行不容错的减分主义标准；又

或者地盘意识很强，没能做好信息共享，甚至有互相扯后腿的现象。有上述情况的公司往往会让员工感觉做事时刻战战兢兢，无法安心与他人交往。

"说这种话，会不会被人看不起？"

"如果问题回答得很奇怪，我会不会被认为很无能？"

"反正我也不会说话，倒不如默默地做别人让我做的事吧。"

诸如此类，**在员工不再积极谈论工作话题，停止积极思考的职场环境中，员工的干劲会下降，组织会僵化，导致企业衰退。**

而且，如果员工没有心理安全感，感觉到自己处境危险，就会抓住自己的工作不愿放手给他人，造成其他人不敢轻易接替别人的工作，产生工作**"黑箱化"**的弊端。

关于工作黑箱化的情况，有这么个案例，某家公司的新领导上任后，换了新的工作方针，一名员工跟不上新领导的节奏，担心乱说话会让新领导不悦，甚至被开除，所以他不敢发表什么意见，还将自己的工作进行黑箱化。

因为这名员工认为，只有这样，自己才会不可替代，就不会被解雇，也就是通过这种方式确保自己的位置。

当这位新领导意识到这个问题后，与这名员工进行了多次面谈，并不断地跟其说明自己提出方针的意图，同时也表明自己会做出公正评价，并不打算开除他。而且，也反复跟这名员工表示公司有需要他的地方。经过一番努力后，这位领导终于与员工建立起了信赖关系，那名员工也渐渐愿意放开工作。从那以后，这家公司的职场氛围逐渐变好，员工之间实现了信息的共享。

人们会试图通过黑箱化这样的方式来确保自己的地位，除非他们意识到自己处在一个安全、放心的环境中。

善于运用"头脑风暴"的组织，可确保员工的"心理安全感"

"头脑风暴"是产生新想法的有效手段。但也有人认为"头脑风暴的收效甚微""我们公司的人都不太活跃，头脑风暴这套模式不适用于我们公司"，之所以会这样，其实是因为有不少公司在做法上出了问题。

"大家有什么想法可以畅所欲言""还有什么吗？"等，有些公司在开展头脑风暴活动的时候，是否会像这样含糊地强求员工提出意见呢？而对于某人的发言，又是否会当场进行批判呢？比如一些领导会说："你提的意见是不是有些离题了？"

头脑风暴，顾名思义，目的是让所有参与者的大脑像暴风雨一样搅动起来，使大量的想法在碰撞中爆发。因此，公司开展头脑风暴的时候，要做到**"不批评""自由发言""重质轻量""创意结合、联想与共生"**这四个原则。

想到什么就说什么，在发言的刺激下不断说出想到的东西。有时候，即使是听起来十分离谱、荒谬的话，也不要急于批评别人，允许大家自由发言，让思维掀起一场风暴，这就是头脑风暴的正确开展方式。也就是说，在激发人的思维时，我们需要提供让发言者能够畅所欲言的环境，使其有心理安全感。

特别是参加者对自己的地位、立场、所属部门等具有强烈意识的情况下，有可能会阻碍头脑风暴的开展。

像发言人表示"这是某某部门的意见"一样，倘若发言一方和倾听一方都有一些等级意识，就很难使人放开想象。发言人会担心自己说的话是否会被上司认为很愚蠢，导致其有些想法却欲言又止。

如果你平时总觉得自己所在的公司不适合进行头脑风暴，那么可以试着回头看看贵公司是不是缺少了一个最根本的条件——让员工有心理安全感。

激发挑战勇气的动力源泉——意识到自我效能感

组建一支团队，并积极挑战新工作和高难度工作。

因此，公司和上司需要了解以下关键词：

习得性无助感、自我效能感、结果预期和效能预期。

认为做了也没什么变化的"习得性无助感"

"即使自己不做，也一定有人做"，这类想法不仅是第3章第2节中提到的"旁观者效应"和被称为"社会性偷工减料"的"林格尔曼效应"的表现，也是对上司和职场的一次次失望和"反正做了也不会有什么改变"的一种无力感，会让人失去工作的热情。

这适用于美国心理学家马丁·塞利格曼在1967年发表的**"习得性无助感"**的概念。

新人时期，员工本应充满干劲，却不断被上司驳回自己的新想法、新建议，导致这名员工几年后彻底变得无精打采，"反正我们公司总是那样，每天按部就班地干活儿就好了。"

某些公司认为"人是在压力中成长的"，于是总让员工超负荷工作，结果导致失败接连不断，使员工完全丧失了自信，变得十分颓废。

所谓"习得性无助感"，是指因为面对"无法改变""努力也没用"的情况，使人变得萎靡不振，也不再努力摆脱这种状态。

这是一种精神上非常不健康的状态，可能让人抑郁或心理健康恶化，所以企业需要立即审视员工是否有"习得性无助感"。

勇于挑战的公司的员工都有"自我效能感"

上面我们说到公司需要消除员工的"习得性无助感"。相反，公司**要提高员工的"自我效能感"，使员工感到"自己能行""自己也能做到"**。这便是加拿大心理学家阿尔伯特·班杜拉提出的"self-efficacy"。

"self-efficacy"可以翻译为"自我效能"或"自我效能感"，是指人们有一种感觉，即认为自己有实现目标的能力。这种感觉才有助于增强自信，使人能有迈出第一步的勇气。

产生"自我效能感"的基础有以下四个方面，大家在与团队成员接触时可作为参考。

成功经验

自己的成就和成功经验最终会变成坚不可摧的力量。刚开始，可以只是小小的成功经验，之后通过自己的努力克服障碍，逐渐积累更多的经验。

不要突然想实现难度很高的大目标，可以通过每一个小小的目标逐渐积累成功，最终实现大目标。

代理体验

除了自己的亲身经历，观察别人的成就或成功经历也很重要。观察他人的成功过程时，可以将自己代入其中，通过伪体验和想象来模拟实践。

跟前辈共事时，可以将自己代入进去，想象自己做前辈干的事情会怎样，重点是要抓住"这样做好像可行"的感觉。

除此之外，还可以参加公司内部的成功经验分享会。听成功者讲述他们的经历可以帮助我们更容易地把握取得成功具体需要做什么。

而公司在内部分享成功经验、表彰最佳员工时，不仅要公布结果，还要让员工间相互分享成功的经验，这样其他倾听者也会在脑海里形成对成功的印象。

但是，一些过于特殊的情况，或过于伟大的成功经验，就很难让一般的员工有代入感，甚至可能会让人产生"我做不到"的感觉，最终弄巧成拙，这一点还需注意。

言语体验

第三方通过言语解释和说服也能有效提高人的"自我效能感"。

具体来说，就是根据事实通过语言激励对方，比如，"你不是一直努力到现在，做了许多准备了吗？是你的话一定能做到。""那时那么难的困境下你都做到了某事，所以你肯定没问题的。"好好地告诉对方自己相信他有达成目标的能力。说明的时候举出双方都知道的某一时期、某一空间的真实经历，通过第三方的语言鼓励给人信心和勇气。

良好的身心状态

良好的身心状态也是产生"自我效能感"的基础。如果出现睡眠不足、疲劳积累、过度紧张、疾病引起的发热等情况，就会身心状态不佳，就很难有精力积极进取。

为此，公司需要管控好过度加班的问题，比如引进管理从下班到上班时间的"工作间隔制度"等，为员工创造一个能够让其身心保持良好状态、工作状态良好的环境，才能让人有足够的能量积极进取。

"结果预期"和"效能预期"是处理难事的必要条件

一个人为完成一件难事而采取真正的行动时，需要满足两个要素，即**"结果预期"**和**"效能预期"**（见图4-1）。

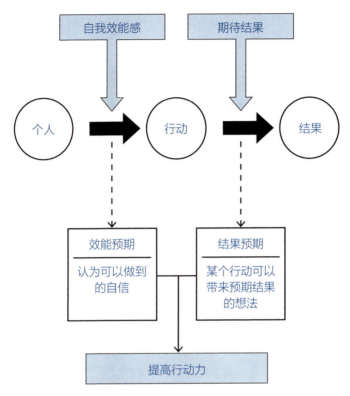

图4-1 自我效能感

注：基于班杜拉的"自我效能感"的概念。

"结果预期"是指设想一种行为会产生什么样的结果。比如，学英语的时候，即使努力学习，如果不知道学英语有什么作用，是很难坚持下去的。

而一些想要去海外留学或常驻海外的人，因为考过托福或托业等资格考试，就能获得留学或常驻海外的机会，所以才愿意努力学习。

因此，当行为与结果的相关性越大，人在行为上就会越认真。

另一方面，"效能预期"是指人们自信能够通过必要的行动，实现某种结果的感觉。

因为有些时候，人心里知道要行动起来，但是没有行动的自信，就很难有勇气去实践。

培养自信，可以通过模拟、预演、听成功人士讲述成功的经验等方法，给自己一种"好像自己也能做到""我能做到"的感觉，这就是"自我效能感"。

而公司倘若能明白"自我效能感"对提高人行动的勇气的作用，就不会实行让员工失去干劲和勇气的制度，也会多加注意沟通的方式。

如果你是领导，你的言行是否挫伤了员工的干劲？还是反过来，激发了他们的干劲？从"自我效能感"的角度来看，贵公司采取的措施发挥了怎样的作用呢？今后采取的措施又将会发挥怎样的作用呢？

可以说，身为领导应该要注意提高员工的"自我效能感"。

用好"无形的报酬（感谢、认可)"——理解"需求"的机制

让员工对自己的工作和公司感到自豪，成为一个主动行动的员工。

为此，公司和上司需要了解以下关键词：

需求层次理论、流动体验、破坏效应、增强效应。

需求层次理论——理解员工的满足与不满。

美国心理学家亚伯拉罕·马斯洛从"人是为了自我实现而不断成长的生物"的观点出发，阐述了人的需求有五个层次，即"需求层次理论"，可以整理成典型的金字塔结构图。

这里的五个层次分别是"生理需求"、"安全需求"、"社会需求／归属与爱的需求"、"尊重需求"和"自我实现需求"，即每个低层次的需求得到满足后，上一层次的需求就会提高，而这个需求得不到满足后，人就会感到不满，并开始采取行动来满足需求。

下面就给大家依次说明这五种需求。

生理需求

生理需求是维持生命所必需的基础，例如想吃、想睡觉等，是人为了生存而具有的基本的、本能的需求。

安全需求

希望有一个遮风挡雨的房子，希望身体健康，希望避免危机等，是确保最低生活水平的身心安全需求。

社会需求 / 归属与爱的需求

想要避开孤独，归属于集体，确保自己的位置，想要有能互相了解的伙伴的需求。

尊重需求

渴望得到他人的认可和尊重，也被称为"自尊需求"。如果在这方面得不到满足，人就会出现焦躁、自卑、无助等情绪。

自我实现需求

人固然想得到他人的认可和尊重，但相比于此，人们更关心自己的行动和成长。如"我想要实现什么""想要怎样的世界"等，需要独特的创造性活动，也有通过自己的能力得到进一步成长的需求。

如果进一步梳理上述层次需求，则"生理需求"和"安全需求"可以说是物质需求，"社会需求 / 归属于爱的需求""尊重需求""自我实现需求"属于精神需求（见图4-2）。

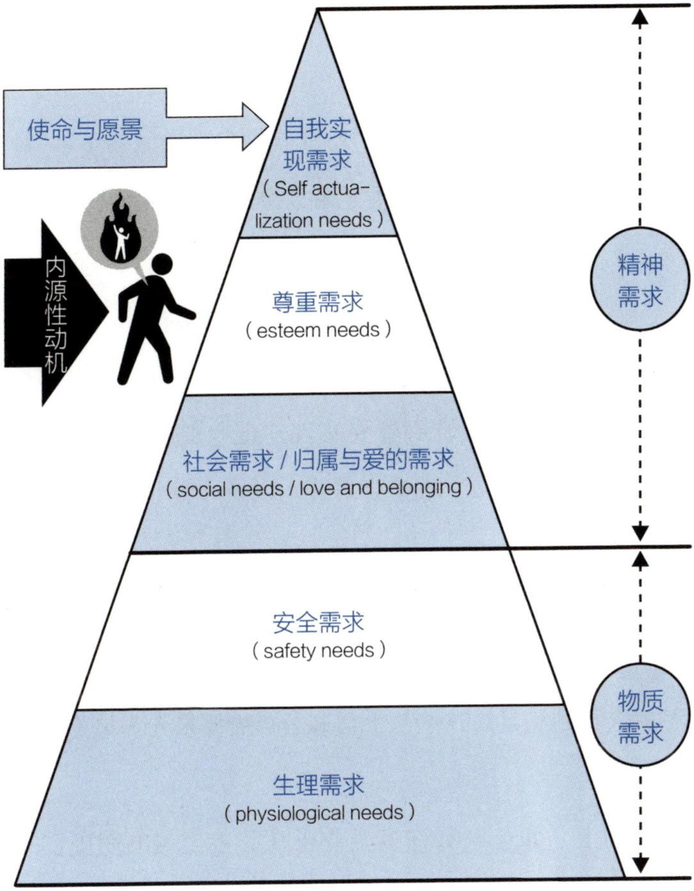

图 4-2 马斯洛的需求层次理论

注：笔者在马斯洛的需求层次理论的基础上增加了"使命与愿景""内源性动力"这两点。

　　也就是说，如果上述需求得不到满足，人们就会产生不满，并希望改变这个环境。"工资低，无法维持生计""工作环境差，公司没有考虑到员工的安全需求"等，正是导致低阶

"生理需求"和"安全需求"得不到满足的因素。

另外，一些跳槽理由中经常听到的"职场人际关系不好"是"社会需求"得不到满足，"不让我做自己想做的事""对工作内容不满"等，可以说是自己在工作上的"尊重需求"得不到满足。

"自我实现需求"是与众不同的"成长动机"，是想通过自己的能力得到成长的需求。达到这一层次的人，一般都是一些创业公司的老板、真心想要实现"企业理念（公司外部规范、公司内部规范）"的企业高管，以及一些追求社会价值、工作价值的年轻人。

而大多数公司员工，只要得到同伴的眷顾，得到大家的认可和尊重，其"社会需求／归属和爱的需求"和"尊重需求"就会得到满足。这些是上司和公司需要最先为员工解决的需求。

实际上，如今已有许多企业正在完善公司的制度，并采取相应的措施，以满足员工的"尊重需求"。如"把感激之情写在卡片上送给员工""通过在线应用，互相传达谢谢"等方式都取得了很好的效果。员工得到上司、同事、相关部门、客户等不同人群、组织的认可和赞赏，便会提高工作的动力。

此外，分享工作中的成功案例、举办表彰大会等，也是满足员工"尊重需求"的办法。员工在公司内部的学习会和培训会中担任讲师，能切实感受到自己的价值，得到他人的认可和尊重。

所以建议各大公司一定要创造一个让每个人都能认识自己、发现自己存在价值的机会。因为不管是谁，都会为得到周围人的称赞而感到开心，从而确认自己的存在价值。

如果脑子里有这个"需求层次理论"，上司在管理员工时，就能更容易地把握员工想要的是哪个层次的需求。然后根据具体情况适当改变对待员工的方式、说话的内容、激励的语言等。需求层次没有好坏之分。作为领导，要能够根据成员的状态进行应对。

另外，按照马斯洛的模型，当人满足了低层次的需求后，其中大多数人的需求会不断地向高层次的需求转变。实际上，我见过很多这样的例子，比如有人最初为了给孩子挣学费而做钟点工。在工作的过程中，因为喜欢和公司里的同事在一起，所以参加了录用考试，成了公司的正式员工，在努力工作的过程中得到了周围人的认可，于是变得非常喜欢自己的这份工作和公司的职场氛围。

"心流体验"是最好的工作体验

中野明的《马斯洛心理学入门》中介绍了马斯洛晚年对高峰体验的研究。马斯洛把自我实现分成了两个层次，一种是进入类似忘我境界的"心流体验"，即"超越性的自我实现"；另一种是达不到那种境界的"非超越性的自我实现"。当然两者中，"超越性的自我实现"是高层次的自我实现。

而所谓的**"心流体验"**，就是一种自然流动的舒服体验。这是心理学家米哈里·奇克森特米哈伊提出的概念，指的是人完全沉浸在正在做的事情中，全神贯注的精神状态，是一种忘记时间、心无旁骛，埋头专注于所做事情的状态。

比如，作曲家会突然灵光一闪，旋律在脑海中浮现；或者小说家沉浸在写作的世界中，等停下笔，回过神来才发现自己已经连续写了好几个小时等。

在体育界中也有类似的例子，就是人们常说的**"进入状态"**，当运动员非常专注的时候，往往会表现得非常好，感觉时间在慢慢移动，对手的动作看起来就像慢动作一样，球仿佛停下来了一般，运动员此时就是进入了状态。

而职场中，每个人都有获得尊重的需求，如果可能的话，公司可以让员工通过工作中的心流体验，来找到"自我实现"的感觉。

如果一个人能够专注于某件事，甚至可以心无旁骛地专注于自己认为有价值的事情，能够通过专心做事而获得成果，能够切实感受到自己的成长，能够自豪地为世界做出贡献，如果这些都能在公司内实现的话，那么无论对个人还是对公司，都会有很大的帮助。

驱动员工的是"内源性动机"还是"外源性动机"？

这里有一项关于"动机"的研究值得关注。

我在本书中多次介绍过，人产生动力的动机有两种，一种是"外源性动机"，另一种是"内源性动机"。这里值得关注的是，通过自发形成"内源性动机"行动时，如果附上报酬等"外源性动机"，则"内源性动机"就会降低，这种现象被称为"破坏效应"。

有这么一个例子，某位员工为了提高业务效率，偶然把在外部讲习中学到的知识写成了简单的业务手册。这名员工并没有受到上司的指示，而是想要对大家有所帮助而自发地去做的。后来，他的努力得到了众人的认可，还成功加薪，公司内部也制定了针对新举措的奖励制度。因此，越来越多的人开始积极提出各种建议，可那名员工却不再主动做类似的事情了。

与自身行动相关的"增强效应"

关于"动机"，还需要知道一点，那就是"增强效应"。所谓"增强效应"，是指通过"外源性动机"增强"内源性动机"，从而激发人的动力。

同样是外源性动机，表扬等"语言报酬"大多能提高

"内源性动机"。虽然没有升职加薪或其他奖励等实质性报酬，但得到他人的赞赏和认可后，人就会感到高兴，便想要做得更好，特别是得到信赖之人和对自己有好感的人的称赞时，效果更明显。

例如，打工的学生被顾客或上司等人说"你很努力啊""你帮了我的大忙"时，不管时薪高低，他都会变得更加积极地提出意见和努力工作，这也可以说是"增强效应"的一个表现。

正因如此，公司在认识到"尊重需求"的重要性后，完善公司内部机制，鼓励员工互相表达感谢，会对员工的工作积极性有很大的激励作用。

询问员工的状态

最后来说说了解公司状态的"组织诊断"，以及了解公司与员工关系强弱的"参与诊断"。

在"参与诊断"中，许多提问测试可以帮助领导管理者。但是有不少人认为，这类测试对管理者没什么用处。为了让诊断更具有实践意义，下面就为大家进行具体的运用说明。

例如，心理学家弗兰克·施密特与盖洛普公司开发的参与诊断中，有一种叫作"Q12"的测评法。

Q12测评法虽然只有12项简单的调查，但问题个个切中要害，能让人了解员工在公司里有什么样的想法。下面就给大家介绍这些问题。

　　Q1：知道公司领导期待自己做什么吗？

　　Q2：公司有给自己完成工作所需的设备和资源吗？

　　Q3：工作中，每天都有机会做自己最擅长的事情吗？

　　Q4：这一周里，表现好时有得到表扬和认可吗？

　　Q5：上司或者同事，有尊重和关心自己吗？

　　Q6：在工作中，有鼓励自己成长的人吗？

　　Q7：在工作中，别人会考虑自己的意见吗？

　　Q8：公司的使命和愿景会让你觉得自己的工作很重要吗？

　　Q9：自己的同事有想要认真做好工作吗？

　　Q10：在工作中，有人称得上是你最好的朋友吗？

　　Q11：这半年里，公司里有人说你进步了吗？

　　Q12：这一年里，有机会在工作中学习、成长吗？

　　下面，让我们从领导的角度出发，将上述问题换一种说法。

　　Q1：你有好好跟员工说你对他的期待吗？

　　Q2：你有给员工完成工作所需的设备和资源吗？

　　Q3：你有每天让员工有机会做自己最擅长的事情吗？

　　Q4：在这一周里，员工表现好时你有去表扬他吗？

　　Q5：你有尊重和关心员工吗？

　　Q6：在工作中，你有鼓励员工成长、安排工作锻炼员工吗？

Q7：有尊重员工的意见吗，有实际采用员工的意见吗？

Q8：有告诉员工自己公司的使命和愿景是什么吗？有让他们实际感受到工作的价值吗？

Q9：员工有团结一致，认真做好工作吗？

Q10：在工作中，员工之间是否萌生了真挚的友情？

Q11：这半年里，有对员工的成长进行反馈吗？有营造出员工间共同进步的同乐氛围吗？

Q12：有创造机会或环境让员工学习、成长吗？

看完问题后，各位能做到上述的几点呢？

身为领导，在当管理者的时候要注意做到上述几点。这样就能降低员工的离职风险，提高他们的参与度和工作动力，使员工能主动投入工作中。

特别是在和员工面谈的时候，领导可以把这些问题记在脑子里，然后询问员工，从中了解不足之处，这样就能和员工之间构筑更强的信赖关系。

与员工心连心地对话——用谈心的方式与员工沟通

认真面对每个人，最大限度地发挥每个人的能力。

为此，公司和上司需要了解以下关键词：

关心人、谈心式沟通、经验学习。

领导要同时管理好"人"和"事"

"作为管理者，在做管理的时候，你会有什么意识？"

这句话是我经常向担任顾问的公司管理者提出的问题。原因是很多领导似乎只关心如何管理"事（任务）"。

完成被委派的任务和目标固然重要，然而，正如第3章所说明的那样，领导需要兼顾好"事（任务）"和"人（心理）"，除了工作内容外，还要懂得关心"人（心理）"。

在领导力行为论中，有一项研究以**"关心人"**和**"关心业绩"**对领导的行为风格进行分类和评价。而理想的领导应该是既关心人又关心业绩。这在罗伯特·布莱克和简·穆顿提出的"管理方格理论"中有介绍。

以提高业绩为使命的领导难免会关注眼前的业绩数字和工作，但对员工的管理也同样重要。

因此，领导要先会"关心人"，否则，就不可能拥有一个动力十足的团队。

通过谈心打开员工的心扉

领导除了要关心员工，还要懂得怎么和员工相处，也就是领导要注意面对员工时的态度。

这种情况可以运用"谈心法"。这是职业顾问在进行职业面谈时以及心理咨询师在与患者交谈时惯用的手法，通过面对面的坦诚交流，可以使面谈变得更有价值。

下面先说明这种谈心方式是如何起效的。日本关西大学研究生院教授、临床心理学家池见阳等人就"上司的态度"和"职场活跃度"等相关问题，对在企业工作的人进行了调查。

调查显示，**相较于"认为上司缺乏同理心的员工"，"认为上司富有同理心的员工"的"员工所见职场活跃度"得分更高**，而且这一群体回答"上司有民主领导能力"的比例也很高（见图4-3）。

顺便说一下，这里的"心理咨询"是基于确立心理咨询领域地位的美国心理学家卡尔·罗杰斯所述的理论。

调查中的提问内容有"当我跟上司倾诉工作上的烦恼时，

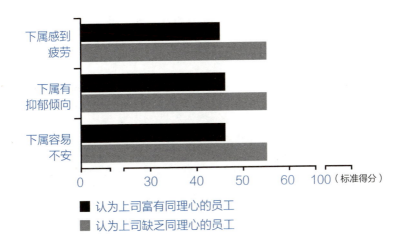

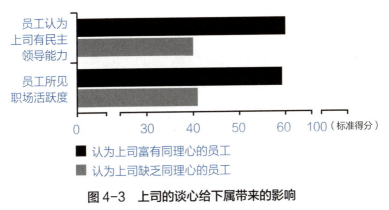

图4-3 上司的谈心给下属带来的影响

注：引自《聆听心灵的讯息——实感讲述的心理学》，池见阳著，图标题为笔者所起。

不管是什么事情，他是否都能热情地倾听？"（无条件地肯定、关心和接受的态度）、"上司是否会设身处地为我考虑"（同理心）、"上司是否能说到做到"（自我一致）等。

下面介绍罗杰斯在"来询者中心疗法"中表现出的三种

基本态度，大家可以试着在纸上起草，在咨询师和客户的代词旁打括号，里面分别填上上司和下属，以此用"上司"代替"咨询师"，用"下属"代替"客户"来进行思考。

①心理咨询师（上司）要无条件地关心客户（下属）（接受的态度）。

②心理咨询师（上司）要有同理心，要能理解客户（下属）的内心世界，并将其传达给对方（共情能力）。

③心理咨询师（上司）在与客户（下属）沟通时，要保持心理稳定，接受真实的自己（自我一致或态度真诚）。

从这一研究结果中也可以看出，与前面提到的"管理方格理论"相同的是，认真面对"人"的上司能够活跃职场，这一结果值得我们关注。

那么接下来，就介绍一下面谈中的要点。面谈是很多公司在设定目标、传达考核结果时都会运用的一种方式。

有些公司还会鼓励各部门把面谈当作开会，开展定期面谈。面谈可以说是员工间相互交流、分享的机会，有助于加深彼此间的沟通。

面谈的重点是要"倾听"和注重从开始到结束的"过程"。 下面我会分别深入地说明这两个方面。

面谈中的第一个要点是**"倾听"**。

例如，公司业绩不尽如人意的时候，上司就需要比平时更认真地倾听员工的讲话。这除了能给员工提供精神上的支持之外，还能帮助其找出工作进展不顺的原因，以便找到正确的解决对策。

业绩下滑的变化往往发生在一线工作中，但一线工作人员是否及时将问题报告给上级就是另一回事了。而且，工作进展不顺的原因，有时候员工自身也很难注意到。

正因如此，公司基层发生了什么？基层员工对此是怎样思考的？这就需要上司去仔细地倾听员工的想法。

在此，我们先来思考一下普通的"听"和"倾听"的区别。

普通的"听"是将语言作为声音听进去的状态；而"倾听"并不只是简单地接受语言声音，还指接受其中隐含的想法和心情等。

"倾听"不仅仅是用耳朵捕捉声音，对方说话时，可能伴随着"一瞬间眼睛向下看了一下""也许是出于心理原因身体向后仰""虽然脸上在笑，但是手紧紧地握住，像是在忍耐什么""是在交叉双臂防卫自己吗？"等，倾听者需要接受对方的表情和态度等各种各样的信息。具体的倾听技巧在第2章第1节中已有介绍，各位可以翻阅参考。

下面说说面谈中的第二个要点，即**"过程"**。

很多人会不安地认为，"光靠听是什么都解决不了的"。但是，在为解决问题进行职业咨询的过程中，始终保持"倾听"

的态度非常重要（见图4-4）。

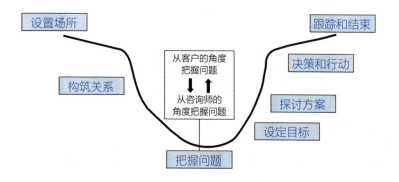

图4-4　职业咨询的流程

注：图片以"系统法""咖啡杯法""决策论"等理论为基础，由日本动机株式会社独立制作。

从"设置场所"到"构筑关系"的初期阶段，正是认真倾听对方说话，建立起信赖关系的阶段。

设置场所

"设置场所"是指创造说话的环境。环境会影响对话的进行，例如，在人多嘈杂的摊位上，人们会担心对话内容被其他人听到，所以对话一般很难深入。

设置好场所后，还需要布置桌子、调整椅子的角度等，为双方能轻松聊天创造良好的环境。

除了环境，为了方便交谈，心理咨询师（上司）还要告诉客户（下属）面谈的目的，预期有多久的交谈时间和将要谈话的内容，避免给他们带来不必要的紧张感。

这些也适用于本章第 1 节中所述的"心理安全感"。倘若上司连话都不怎么听，是无法让员工敞开心扉的。

构筑关系

"构筑关系"是指与对方建立信赖关系的过程。要构筑关系，就先要注意前面提到的"倾听"。

如果上司和员工在平时就能建立起信赖关系，那么在交流中员工很快就会说出正题和真心话。但是，如果在平时的交流中，上司没能得到员工的信赖，就必须通过面谈来建立信赖关系。

要认真倾听对方的想法，表达自己的理解，共情对方的想法。只有建立了信任关系，才能让咨询深入主题，才能共同探讨问题的本质。

把握问题

"把握问题"是指通过对话了解员工想要解决的问题和上司认为员工需要解决的问题，从而找出真正的问题是什么，以便达成共识的过程。

理想情况下，通过对话，员工会得到新的认识，态度和行动上也会发生变化。

为了能更好地理解，下面给大家举个例子，某位员工不想参与一个新项目。为此，上司要了解这位员工对这个项目的看法，弄明白他为什么会有这样的想法。

员工可能会说："因为太忙了，我觉得还有其他工作更加紧急。而且，谁做不行，为什么非要我来做呢？"

然后员工就会很纠结，觉得："本来因为其他工作已经忙得不可开交了，现在的新项目虽然自己觉得可以先放一放，但是上司的命令又不能随意无视，弄得现在不知道该怎么办才好。"

而身为上司的你，可能又会对这个项目有不同的看法。作为上司会比员工更能从整个公司的角度出发，更能看得长远，明白做这个项目的必要性。

但站在员工的角度可能看不到这些重要性。所以，从上司的角度来看，"员工需要解决的问题"是员工需要认识到这个项目的重要性，重新安排工作的优先顺序，并想办法推进项目。

为此，就需要上下属之间进行对话，但不是让双方进行辩论，非要争个输赢，也不是要让人进行利益交易。**双方的对话应是一种交流，通过分享彼此的想法和价值观，最终找到与起初讨论时完全不同的东西。**

在上述例子中，上司可以问员工："你知道明年为发展这个项目，要正式成立新部门吗？你觉得在此之前，需要做什么准备呢？"

当对方认识到这个项目的重要性后，上司可以接着说："现在真正需要解决的问题是什么呢？就是你现在手头工作太多，确实已经很辛苦了，这也是可以理解的。但是，我们首要考虑的是优先做哪个工作的问题，然后其他工作要么先停下来，要么交给别人来做。想办法创造条件让自己能够专心开展新项目，你觉得呢？"

这里最重要的是，**不要把自己的结论强加给别人，而是要以提问的方式，让对方思考，使其能调整看待问题的角度。**

这样的话，员工可能会说："我明白了。确实是这样，我应该想办法腾出时间做这个项目。正如您所说的，要挑出一些可以先放一放的工作，实在不行，也可以让后辈帮忙接手一下工作，到时候可以跟他们商量一下。"

此外，通过对话，作为上司的你，有时还会惊讶地发现员工身上有一些值得借鉴的地方。这些成员的想法和心声，可能跟项目的其他成员的一样。

因此，熟练掌握"把握问题"和分享的过程后，就可以让员工打心底理解和认同上司的想法，从而主动投入工作。

设定目标

"设定目标"是指针对在"把握问题"的对话中找出的问题，好好地设定目标。

如果员工手头有多项工作要做，上司可以和下属一同探讨这些工作的优先顺序，确定先从哪项工作开始。从前面提到的例子中可以看出，双方通过探讨得出的最初目标是"筛选出可以先放一边的工作，或让后辈接手一些工作"。

探讨方案

"探讨方案"是指确定具体目标后，思考该做什么才能实现目标，如何进行，以及采取什么方法。

实际上，确定目标后，很多时候员工还会不知道该怎么做。一些经验不足的员工就更容易出现这样的问题。

此外，实现目标的办法也不一定只有一个，甚至可能有很多种方案。在这种情况下，上司可以给予下属一些提示，进行指导，让下属能够明确想到自己有什么解决办法。

这时候，上司可能会不由自主地想告诉下属该怎么做，但如果一切都由上司来考虑，在下属本人看来，就像是被强迫一样，因而感到不悦，不情愿行动。为了让下属能够主动行动，上司需要克制自己指示下属的冲动。

决策和行动

"决策和行动"是指由下属本人决定怎么解决，并付诸实际行动的过程。上司此时需从旁协助。要事先共同探讨可能会碰壁的地方，同时一起讨论何时汇报情况等具体内容。

跟踪和结束

"跟踪和结束"是指一系列流程的结束，即上司帮助下属变得自立、自律，能够自主行动。

上下属一旦形成如此的交谈关系，就能形成固定的依存关系。最终整个过程结束，员工变得能够自立、自律地投入项目中。

在实际情况中，即使在一个项目已经进入跟踪后续和结束的阶段，也会不断出现其他新的项目，因此整个过程是在不断重复的。而这一系列循环的过程，就是管理。

职业咨询的基本沟通方式并不专属于专业人士，其蕴含的基本沟通原则是我们所有人都应该知道和学习的，是尊重他人想法的基础交往方式。

通过"经验学习"使之成为与成长相关的面谈

为了让下属能通过面谈得到成长，上司还需要知道"经验学习"这一概念。

"经验学习"是指从自己实际经历的事情中学习。它不仅仅是经历，最重要的是在经历之后利用好经历的过程。美国教育理论家大卫·科尔布提出的"体验式学习模型"（experiential learning model）就将这个过程理论化了。

"体验式学习模型"由①具体体验、②内省观察、③抽象概念化、④积极实践这四个步骤构成（见图4-5）。

为了便于在管理中进行实际运用，下面我就来为大家进行讲解。其中也包含了我的一些想法。

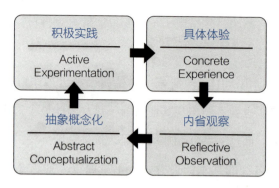

图 4-5 "体验式学习模型"的四个步骤

注：来自大卫·科尔布的"体验式学习模型"。

具体体验

"具体体验"是指本人第一次接触相关的业务内容和领域。此阶段需要学会先思考后行动。因为如果只是按照上司说的去做或者按照手册上写的去做，能学到的东西很少。而上司也需要给下属一个积累经验的机会，指导员工设定目标。这里建议最初设定的目标可以灵活一些，要根据个人的适应能力和经验控制好难度。

内省观察

"内省观察"是指让员工对结果进行复盘。不管是成功还是失败，自己做了些什么、结果发生了什么事情、为什么会发生这样的事情等，这些都要仔细思考。也就是我们所说的"回顾"和"反省"。

这样做可以提高成功的可复制性。即使失败，也不会轻易重蹈覆辙。无论是成功还是失败，都要内省其主要原因，从中学到一些东西，这就是内省的重要性。因此，上司平时要注意敦促员工内省。

抽象概念化

"抽象概念化"是指从一个经验中学到东西后，要思考如何将其运用到其他场景中。通俗地讲，就是从一个经验中得出"教训"。

比如针对一件事，思考哪里做得好？哪里做得不好？然后假设这样做会不会更好？在脑海中将经验进行抽象化、一般化。最终将其升华为诀窍和技巧。如此一来，一个经验就可以运用到多个实践中。

而且，如果能够将一个经验抽象化、一般化到他人也能灵活运用的程度，通过共享，就可以在整个组织中灵活运用。这样不仅能提高个人能力，组织能力也能得到提高。

作为上司，在让下属吸取教训、督促其改进工作的时候，不仅要指导下属应该注意什么、需要改进什么地方，也要给下属一些积极的反馈。这样才能让下属变得更加积极，勇于迎接下一个挑战。

积极实践

所谓"积极实践"，就是将"抽象概念化"后的教训或经验真正应用到其他业务中，积极尝试其效果，从而发现在

"抽象化"阶段未发现的问题，并加以改进。

通过积极实践，又能获得新的经验。而上司在此阶段要帮助员工设定下一个需要努力的目标。当然，最理想的情况是让本人自主确立一个灵活的目标。相信这会成为对本人成长非常有效的经验。

像这样，"体验式学习模型"的四个步骤就会不断循环转动，人也会随之不断地成长。所以建议上司在与下属面谈时要牢记这一点。

虽然有些下属能够坚持进行体验式学习，但大多数人是无法独立坚持下去的。因此，上司的职责就是帮助和鼓励下属继续接受体验式学习，但过程中不要强迫下属接受自己的经验和价值观，而是要通过沟通让他们有所自觉。

"为什么这次产品展示活动成功吸引了客户，而上次却失败了呢？"

"从这次活动的成功经历中，你学到了什么？"

"下次举办介绍新产品的活动时，你有什么可以使用的技巧和经验呢？"

"去年你还在为吸引客户而费尽心思，但这次成功了，你觉得自己进步的主要原因是什么？"

上司可以像上面这样自然而然地抛出与"经验学习"相关的问题。下属会通过上司的提问而变得自觉起来，并切实感受到自身的成长。

　　人们常说"让人意识到问题"，但人是不能被他人强制意识到问题的。因为"意识"是自主的，不是"让人意识到什么"，正确地说，应该是提出问题，由此让本人"自己意识到问题"。

每个人的"幸福感"能让职场氛围变得更好——"职业自律"能让公司变强大

人只有为了自己才会主动工作。因为认真工作，所以最终对公司有好处。

为此，公司和上司需要了解以下关键词：

职业愿景、自我决定、幸福四要素。

由员工自主决定的"职业愿景"

公司是由一个个员工组成的。所以，**每个人都想要尊重自己想法的同时幸福地工作**。尤其是在这个工作方式多样化的时代，无论是公司还是领导，都更不能忽视员工的这一追求。

《日本最了不起的公司》的作者坂本光司曾说过："好的公司，就是会珍惜人的公司。"

坂本光司在接受《支持每个人的不同职业选择的社会》（日本瑞可利职业研究所）的采访时说："在经营中，最重要的是支持让每个人都感到幸福的工作方式，以及每个人所珍视的生活方式。"

第 3 章中，笔者介绍了日本厚生劳动省推进的"自我职业码头"政策，这一政策旨在通过重视每位员工的主体性，描绘每个人都珍视的"职业愿景"，帮助他们更幸福地度过职业生涯。

所谓**"职业愿景"**，是指描绘自己的未来，制定目标，为了实现该目标要积累怎样的经验，做出什么具体决定的行动计划。当然，每个人的愿景自然都是不一样的。

此外，幸福指的是每个人自己思考、选择、自律，企业和组织支持他们的选择，在确认双方利益的基础上达到双赢的关系。

神户大学特命教授、经济学家西村和雄与同志社大学经济学部教授八木匡就生活环境和幸福感，对日本两万人进行了问卷调查后，撰写出的论文《幸福感和自主决定——在日本的实证研究》中，明确了"自主决定"**对幸福感有很强的影响力**。越是走自己选择的道路的人，就越具有积极的志向。

该篇论文中有这么一段描述：

"对于幸福感，根据自己的判断选择自己的道路，比获得高学历、高收入更重要。自己决定自己的道路的人，为了达到目的，会通过自己的判断而努力，这类人成功的可能性会更高，并且对所取得的成果也更有责任感和自豪感。成就感和自尊心是促使人积极向上的因素。因此可以说，自主决定的重要性为获得幸福感需要做什么这一问题提供了答案。"

以自己的方式工作的"幸福四要素"

有日本"幸福学"第一人之称的庆应义塾大学教授前野隆司，将影响幸福的心理因素进行多变量分析后的结果在《实践积极心理学——幸福的科学》（PHP研究所）中，以"幸福四要素"为名进行了介绍。影响幸福的心理因素由以下四个要素组成：

第一要素："试试看！"要素——自我实现和成长的要素

当人拥有远大的梦想和目标时，就会为此刻苦学习、茁壮成长，而这与幸福息息相关。

第二要素："谢谢！"要素——联系和感谢的要素

通过爱情、感激之情、亲切关怀等与他人心灵相通，从而与周围人建立稳定的关系，使人获得幸福感。

第三要素："总会有办法的！"要素——积极乐观的要素

自我肯定感高、乐观积极的态度可使人即使在前两个要素上有不足之处时，也会自信自己终能做到。因此，从不担心这些问题，总是以笑脸面对生活，这种乐观的精神也会让人幸福。

第四要素："实事求是！"要素——独立和个性的要素

拥有这一要素的人不攀比，有自己鲜明的个性。因为自我实现不是与他人进行比较，而是自己跟自己比，所以不必在意别人的眼光，要有自己的节奏，能否做到这一点与幸福息息相关。

无论哪一项研究都表明，不依赖他人，而是按照自己的意愿，与周围的人协调一致，活出自己的样子，才会获得幸福。

每个人都有自己的价值观，只有符合自己的价值观，工作对自己来说才有意义，从而愿意主动去做。拥有这样自律且真心投入工作的员工，公司自然会变得强大。

在让员工幸福的过程中，领导可以试着问一下自己，是否曾想让员工通过互相竞争的方式激发他们努力工作？是否曾想过把公司和领导认为的"幸福"强加给员工？

公司和领导不应该将公司的观念强加于员工，而是应该思考如何让每个人幸福，让员工能够自主决定，建立个人能够发挥主体性的机制和制度。

6 工作、生活和谐能激发员工的动力——遵循生涯彩虹图

人除了工作，还扮演着其他许多角色。

理解各自的状况，珍惜眼前的员工。

为此，公司和上司需要了解以下关键词：

生涯彩虹图、多重角色、双赢关系。

"生活"和"工作"本不应该分开

自 2007 年日本内阁府制定《工作与生活平衡宪章》以来，日本政府不断推进各种措施，以实现工作方式的改革。

工作不是用"数量"来衡量的，而更应该重视"质量"，通过多样和高效的工作方式，让社会上的每个人除了工作外，开始逐渐重视自己的生活。也由此，公司内新想法层出不穷，成为促进经济增长的活力。

这反映了社会从传统的"公司为主"的工作方式，向如今重视"个人职业自律"的工作方式的转变。

但遗憾的是，虽然"平衡工作与生活"已经成为当今的

热门话题，但仍有一部分人把"工作"和"生活"视作两个对立的概念。而且，认为工作是一件讨厌的事情，是人为了赚钱而不得不做的事情，然后把生活视为快乐的事情。

为了实现经济独立，人就需要工作，但"工作"和"生活"本不应该分开来看待。

代表人有不同的角色的"生涯彩虹图"

有一个概念准确地表达了包括"工作"在内的"生活"，那就是"生涯彩虹图"。美国心理学家唐纳德·舒伯用概念图来表示人的一生中所扮演的角色。

据舒伯介绍，一个人的一生中会饰演多个角色，其中主要的角色有6个，即孩子、学习者、闲暇人、市民、职业人和家人。

一个人在一生中扮演着"多重角色"。从图4-6中也可以看出，并不是哪一个角色结束后就会出现下一个角色，而是一个人一生中，角色的比重会发生各种各样的变化，但好几个角色会同时存在着。

"孩子"这个角色不仅会出现在监护人的抚养下成长的孩童时代，在需要照顾父母的中年时期，"孩子"的角色作用又会再次出现。

此外，一个人在作为"职业人"工作的同时，也扮演着

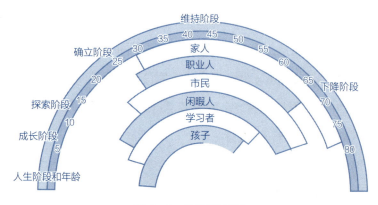

图4-6　生涯彩虹图

注：以唐纳德·舒伯的生涯彩虹图概念为基础制作的示意图。

"学习者"的角色，如接受"再教育"和"再就业技术培训"（为适应产业结构变化的知识和技能的学习），人会为了提升自己的能力而扮演学习者这一角色。

"职业人"的角色客观来说属于"平衡工作和生活"中的"工作"。但我认为，如果把"工作"和除此之外的"生活"角色作为对立概念来看待，就很可能会让人看错一些本质。

有的上司会认为"平衡工作和生活"的说法是指在闲暇时间放松自己，也有的员工认为"在生活中，为了工作而学习很奇怪"，但这些想法都存在偏颇之处。

另外，"闲暇人"这一角色也有着重要的作用。这个角色可以帮助人振作精神、激发灵感。闲暇时期的休整可使身心充实、健康，从而产生积极工作的活力。

而正是因为有了"学习者"的角色，个人才能不断成长，促进自我走向下一个阶段。

特别是在人生100年时代，人们作为"职业人"的角色的时间变长了，已经超过了在公司里上班的时间。一个人除了在公司里需要学习，工作以外的时间也要加强学习，从而成就未来。这是每个职场人都应该意识到的时代变化。

但其中让我感到忧愁的是，受"平衡工作与生活"这一话题的影响，有些人会认为包括工作在内的学习都应该在工作时间内进行，因而出现了在工作时间以外不会主动学习的人。同样，有些上司会担心，如果建议下属在工作时间以外也要多加学习，就会被下属认为是强迫加班，所以也不敢跟下属多说什么。

无论什么运动和技术，只要不学习、不练习就无法掌握好。工作也一样，我们需要为自己漫长的人生掌握工作技能、学习知识。只有这样，才能让包括工作在内的生活变得更美好。

生涯彩虹图是舒伯为了综合阐述在生涯发展阶段，一个人该如何平衡角色间的相互影响，而创造性地描绘出的一个多重角色生涯发展的综合图形。

对于企业来说，员工是宝贵的劳动力，员工个人的成长对构建**双赢关系**有着重要的作用。

因此，企业支持个人的职业自律，就会使员工做出如下改变。

"为了自己，即使步入社会后也要继续学习新知识。"

"在工作中创造新的价值能为自己找到人生意义。"

"最大限度地利用自己现在在公司工作的这个阶段，以实现自我价值为目标。"

这样，员工就能明确职业生涯的自主意识，增强自身的工作热情。

如果能理解"多重角色的矛盾"，彼此就会产生信赖关系

作为现代企业的领导，一定要知道，远程工作方式的增加使得"多重角色的矛盾"变得严重起来。

例如，你是否遇到过这样的情景："正在进行网络会议的时候，突然有个孩子闯进某员工的房间内要求一起玩耍，不久后甚至哭闹了起来，员工本人只能在一旁尴尬地苦笑着。"这种时候，在员工的内心深处，就发生了"多重角色的矛盾"。

这名员工会想，虽然在家也想努力工作，但是也想陪着孩子，好好地给孩子做饭。可是很多时候都不能两全其美。

产生这样的矛盾，有时甚至令人感到内疚。

从前，我们上班时家庭和职场是分隔开来的，工作的时间是看不到家里的情况的。随着远程办公的普及，工作空间和生活空间的区别变得模糊，作为"职业人"的自己和作为

"家人"的自己同时存在于同一个空间。"工作"和"生活"的界限变得模糊，导致角色矛盾的产生。

每个人都希望他人能够理解自己。那么身为领导的你，又是否注意到员工的难处呢？

倘若领导能够进行人性化管理，了解员工扮演的多个角色，理解他们的想法，就会和员工构筑很深的信赖关系。一个强大的公司，需要有一个能理解员工心情的领导。

组织是由每一个人组成的——"使用的语言"造就企业文化

一个组织的价值观是由包括你在内的每个人的话语建立起来的。

为此，公司和上司需要了解以下关键词：

社会建构主义、上司的口头禅、需注意的五个视角。

企业文化是由平时我们每个人无意间的言语构筑而成的

在考虑企业文化时，有一个需要知道的概念是"社会建构主义"（Social Constructionism）。这是一个包含哲学因素的概念，对它太简略地介绍可能会引来一些人的批评，认为说得不够全面。但在这里，为了能让大家更好地理解，我就说得通俗易懂一些。所谓社会建构主义，是指**社会上存在的各种各样的现象，都是人们通过对话，在头脑中形成的**。

同样，企业文化是由该企业的人们将自己的所思所感用语言表达出来，在相互传达的过程中形成的。

最初可能是一个人对某个事物的看法，但是听者相信了这一看法后，再传达给另外一个人。如此循环往复，这个看法不久就会被认为是企业的共同看法和价值观。

彼得·柏格、托马斯·卢克曼、肯尼斯·格根等人在这一领域都有很深的造诣。他们认为，组织的价值观和文化与那里的人们日常使用的语言和情感密切相关。公司作为人群的集合体，对什么感到快乐，对什么感到悲伤，每个公司和组织对此的定义都是不一样的。

人们通过语言交流，为所有的事情和行为创造"意义"。而其"意义"是说话人和听话人相互作用的结果，可谓"语言创造世界"（Words create world）。

理解了这一点之后，我们也会更加关注自己不经意间使用的日常语言。因为公司的文化与其所使用的语言紧密相连。

平时，请仔细地观察一下自己不经意间使用的词语。

"反正我们公司接受不了新事物。"

"跟上司说也没用。"

"努力只会被人当傻瓜，适当的时候还是要放松一下的。"

如果这些负面的话语在职场内满天飞，那就说明这已经成为这个公司的企业文化了。

可能某个员工曾努力工作，想要为公司创造新的价值，然而最终得不到应有的回报。这样一段经历通过语言传达给别人，甚至传到刚进公司的新员工耳里，逐渐地，大家就会认为公司就是这个样子的。

试想一下，充斥着这类负面言论的公司，员工还会有动力去努力工作吗？新员工进入公司后，没过几个月，便会习惯这样的职场氛围，在工作中也会变得偷懒耍滑。

如果想让公司变得更好，想要创造一个充满动力的职场氛围，就要先认真对待这些日常琐碎的话语，试着探究其背后的原因。思考为什么会有这样的言论，并且它是否是事实。这些都要一一确认。

有时候，可能员工偶然提出的一项计划，因为与当时公司的经营方针不同而被驳回，并且上级解释不充分，导致有了"公司不接受新事物"的言论。

如果上司的口头禅是"我们公司体制老旧"，下属听了之后可能会信以为真。

例如"我们公司已经发展到头了"之类的声音，也会使员工愈发认为公司领导无能，并恶性循环下去，这一点是需要公司领导多加注意的。

正如"无中生有"这一成语所言，虽然有些事并非完全无中生有，可能只是员工平日里自然地谈论起的一些误解、摩擦或仅发生过一次的特殊事例。在这种情况下，企业需要改变员工的认知。

在改变这种认知的时候，"语言"是重要的武器。

　　首先，身为领导的你要去改变自己的言论。比起领导频繁使用负面语言的职场，在领导使用积极正面语言的职场里，员工的工作积极性会更高。

　　如前所述，企业文化是在无意识的情况下，用在场的人们所使用的语言创造出来的。

　　让我们来看一个案例。为了了解某公司的现状，我们团队曾为其进行过企业诊断调查（一种用于衡量企业状态的工具），结果显示，在"相关部门协作"和"阶层沟通"这两项上，有的部门职场分数偏低。

　　身为顾问，依我对该公司的了解，这是一个部门相互合作、各阶层之间也能坦率交谈的公司。

　　事实上，就整个公司的调查结果而言，该项分数并不低。所以，我就试着探寻该部门分数偏低的缘由。

　　"那个部门总是不配合。"

　　"那个部长害怕高管，什么都不敢说。"

　　原来在这个部门里，上述话语均是**上司的口头禅**，导致员工逐渐相信了上司说的话，便开始认为公司各部门之间、阶层之间存在隔阂。

　　我把这件事告诉给该部门的上司，让他意识到自己说话的问题，并且督促他要准确地传达今后与其他相关部门和上级发生的事情。

于是，员工的认知开始转变。渐渐地，他们变成了一个能够与其他部门友好合作的组织，一个信任上司、具有一体感的组织。

员工会通过领导的"语言"来感知和判断自己的公司。因此，领导要时刻意识到自己的话语具有左右员工对公司印象的力量，在往后的日子里要学会谨慎发言。

上司不经意间说的话也会影响员工的价值观

还有一点很重要，就是上司在和员工对话时，该如何使用偏向员工价值观的表达？有哪种回答方式会对对方和其周围人的价值观的形成产生很大的影响。

"我们公司不是不把客户当回事吗？"

"我们公司的行事风格是不是比较落后？"

如果员工这样问你，身为领导的你会怎么回答呢？

这个问题没有标准答案。也正因如此，在回答前，我们可以先试着思考为什么员工会产生这样的认知。

你可以试着这么问员工："你为什么会这么想？"

"组长不是经常说'先提高业绩'吗？"

"一个前辈在同行公司工作的时候有跟我说过噢。"

"前几天您还跟客户说，'如果能把商品改良的时机再提前一点就帮大忙了'"，于是员工这么说道。

理解员工为什么会这么想后，如果情况属实，上司就需要先努力改变自己，谨慎发言。

如果与事实不符，就可以告诉员工实际的情况。**千万不要听之任之，放任错误认知蔓延**，否则**会被员工认为是一种"默认"**，觉得领导是认同员工说的话才有这样的反应。

领导不经意间说的话会影响每位员工的认知。关注职场中使用的语言，改变说话的方式，便可以改变职场氛围，提高员工的工作热情。

说话人需注意的五个视角

下面，我们再深入思考一下说话人需要**意识到的五个视角**。

这五个视角是我在顾问培训中，介绍的管理者应该具备的视角，我也建议员工采用这五个视角。

如果所有员工，而不仅仅是管理层，都能注意从这五个视角出发，并表现良好，公司就会变得强大。所以，公司可以针对这五个视角，确认一下公司内部人员都使用了哪些话语，甚至可以以此对**公司的实力**进行衡量（见图4-7）。

五个视角中，第一个是**"对外负责对象"**的视角，一般是指客户、合作商等人群。

员工对客户有什么样的责任，对合作商有什么责任和影响，这些都可以通过他对对方使用的语言来理解。

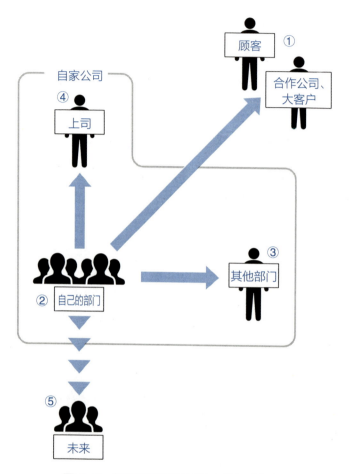

图 4-7　管理者和员工需注意的五个视角

"某某公司真是难伺候。"

"你不就是个商人，还在那装模作样。"

"这位客户，你要是不愿意听，就挂电话呗。"

以上这些用语十分危险。从这些话中感受不到员工对客户的尊重、对合作商的感激，对客户的关怀。如果员工抱着这样的心态对待客户，公司就不可能与客户长期保持良好的关系。

我还曾禁止员工使用"从业者"一词。这个词如果只是单纯地表示从事某项业务的人则没有什么问题，但用来称呼客户，可能会让人感觉有轻视的意味。

因此，在面对客户公司的时候，一定要用"贵公司"这个词。你使用的语言会改变和对方的关系。

第二个是**"本部门"**的视角。

通过上司的语言，可以知道在管理员工时，上下级之间的关系如何；通过员工的语言，可以了解员工之间的关系和他们受到的影响。

比如，身为上司的你有没有说过这样的话，或者有没有被上司这样说过？

"我会告诉你怎么做。"

"照我说的做就行了。"

"你该怎么做就怎么做。"

这些话透露出上司把下属当作棋子或齿轮，总是把下属的付出当成理所当然的，这样就会让员工间形成被动工作的风气，甚至让整个公司都变成不到最后就不会主动行动的懈怠状态。

如果员工之间有以下交流，又会怎么样呢？

"我说过的。"

"我教过了。"

"我告诉过你。"

像上述这般，如果员工间说话的时候表现出漠然的态度，认为只要尽到自己的义务就行了，或者即使进展不顺利也丝毫不认为有自己的责任，这种责怪他人的思维并不利于团队的团结合作。

第三个是**"其他部门"**的视角。

通过了解其他部门的言语，可以知道本部门与其他部门的合作关系如何，以及各自承担着怎样的责任。

"因为那个部门迟到，所以合作失败了。"

"你总是突然改变计划。"

"那个部门总是只想着自己。"

如果这样的话总是在一个公司内出现，我不认为这个公司的各部门之间保持着良好的合作关系。和相关部门一起合作，要尽早传达信息，从全公司的角度出发。

第四个是**"上司"**的视角。

通过分析上司的言语，可以了解你和上司的关系，以及你想通过上司与公司建立怎样的关系。

通过分析上司的言语，可以了解到平时的你在工作中是否会主动去获取信息。工作中，除了根据上司的指示行事外，是否还会通过上司来影响公司。

"上司有什么消息都不会告诉我。"

"我的上司特别摆架子。"

"上司什么忙都不帮，只会让我们报告工作。"

如果职场中出现了以上言论，就表明上下属没有构筑起信赖关系。

上下属之间没有相互信赖，这里面上司一般会有问题，但员工被动的态度也是影响信赖关系的一个原因。身为员工，就需要自己主动跟上司汇报情况，然后由上司负责推动公司行动。这才是员工应有的姿态。

第五个是面向**"未来"**的视角。

为了公司的未来，除了经营者外，公司的全体员工也需要思考当下应该做什么。

为此，要能捕捉当下发生的变化、预测未来趋势并做好准备，以便能够适应未来。

"客人跟我商量能不能做这样的商品，我回答说不行。"

"有新客户询问能否订订单，但因为他要的订单量太少了，所以我拒绝了。"

"现在公司的处境并不困难，没必要改变做法。"

如果职场内充斥着这样的话，说明公司已经无法适应变化。公司领导和员工既没有发现需要改变的地方，也没有要尝试拓展新业务，使公司长期处于亮红灯的危险状态。

前面我们根据五个视角的言语实例进行了一番反思。那么反过来，我们可以试着想象一下，自家公司的职场有什么样的言论是较理想的呢？

我们可以有意识地用理想的言语来改变公司，使之成为能够让员工自然而然说出理想言论的优质公司。当然，除此之外，公司的制度、员工的意识和认知等也需要根据实际情况进行改变。

职场中的言论就像一块感应器，反映了公司的实际情况，所以在发现有问题的言论时，首先要面对现实，有不好的地方就去改变，有意识地把公司里的常用语换成理想的语言，就能在无形中改变公司的风气和文化，进而把公司建设成为员工干劲高涨、员工主动工作的理想公司。

结语

全面思考人心

笔者撰写本书的契机源于想回应一些希望有一本书能帮助公司管理者，以提高员工工作干劲的呼声。

笔者的另一本书《洞察人心：实现自我驱动的组织变革》，就介绍了如何改变公司的企业文化，使公司更加强大。该书出版后，便得到了经营者和管理者的高度评价。

然而，无论经营者和管理者再怎样想把公司变好，如果不能通过管理将这种想法传达给一线员工，公司就不会变得强大。

另外，一些介绍如何提高员工积极性的书籍，大多数都只是在教导管理者以鼓励的方式，比如跟员工说"这样做比较好哦""这样做吧"来激发员工的工作热情，可实际操作起来总像是在自说自话，不符合实际情况。

之所以会如此，是因为很多书只是单纯阐述了"提高员工工作积极性的方法"和"经营者、管理者对现状的认识"，以及"公司的实际情况"和"员工对公司或上司的情感"之间的隔阂。

这让我思考怎样才能写出一本书，里面的内容能够更贴近现实，可以让人更好地运用于实践中，于是，我最终得出了两个想法。

一个想法是，与其告诉管理者该如何提高员工积极性，不如让领导和公司首先学会不打击员工的工作热情。

虽然很多时候领导本人并没有恶意，但有时一句不经意说出的话就会挫伤员工的干劲，甚至导致员工离职。有这么个真实案例，某前辈员工在酒席上跟新员工调侃了一番，他说：

"你居然敢进我们这样的公司，你是被人事经理骗了吧！"

虽然这句玩笑话应该不是全部原因，但那名新员工确实在 4 个月后辞职了。

试想一下，如果公司里有这么一个能满不在乎地说出这种话的前辈，或者有对此毫不在意，甚至连必须注意的事都毫无警觉的领导，员工就会对公司产生不信任感，最后辞职也就不足为奇了。

我的第二个想法是在本书中加入许多**反面案例**，通过展示案例中一些打击员工干劲的公司和领导常有的表现，让希望员工把工作当成分内事、愿意主动工作的领导和公司能更容易意识到什么事情不该做。

若无其事地挫败他人干劲的人的共同点是他们没有意识到自己所做的事情是不对的。因为没有注意到，所以就很难改正。

因此，书中讲述的各种各样的事例，有助于作为领导的读者将其与自己的现实情况相对照，以便更快地发现问题，然后加以改进。

书中阐述的改善对策还根据情况说明了具体的解决办法。对策还融入了心理学技巧，更具实践性。

无论是经营者、管理者，还是与后辈接触的前辈员工，本书都能给予他们一定的参考。

如果有条件，我希望一家公司的全体员工都能阅读此书。我在"前言"中也提过，希望大家能将其作为公司的共同语言和共同概念，帮助各位纠正言行，创造更好的职场氛围。平日里各位不妨把本书放在桌上，感兴趣的时候可以进行翻阅。

我认为无论是创造还是挑战新事物，一切都取决于"人心"。

所以一家公司需要召集充满干劲、积极主动的人。在一个朝气蓬勃的公司里，员工自然会主动起来。这正是成为强大公司的动力源泉。

帮忙编辑本书的清水由佳老师，是我在瑞可利的《就业杂志》从事编辑工作时就开始共事的伙伴。在此非常感激清水老师的协作。另外，我也想向我的妻子岩渊美香表达我的感激之情，美香在包括整理心理学内容在内的整个企划中，给予了我很大的帮助。同时，我也非常感谢日本实业出版社的各位编辑，让我能有机会向更多的人表达自己的想法。

最后，对读到这里的各位读者朋友们表示衷心的感谢。

希望此书能为大家的公司变强、变大，助一臂之力。

松冈保昌

2022 年 5 月

参考文献

『新版キャリアの心理学【第2版】—キャリア支援への発達的アプローチ』渡辺三枝子 編著 / ナカニシヤ出版

『キャリアカウンセリング入門 —人と仕事の橋渡し』渡辺三枝子、エドウィン・L・ハー / ナカニシヤ出版

『新版 カウンセリング心理学 —カウンセラーの専門性と責任性』渡辺三枝子 / ナカニシヤ出版

『働くひとの生涯発達心理学—M‒GTAによるキャリア研究』岡田昌毅 編著 / 晃洋書房

『カウンセリング序説 —人間学的・実存的アプローチの一試み』小林純一 / 金子書房

『カウンセリングテクニック入門』大谷彰 / 二瓶社

『キャリアコンサルタントのためのカウンセリング入門』杉原保史 / 北大路書房

『キャリア・ダイナミクス —キャリアとは、生涯を通しての人間の生き方・表現である。』エドガー・H・シャイン 著 / 二村敏子・三善勝代 訳 / 白桃書房

『問いかける技術 —確かな人間関係と優れた組織をつくる』エドガー・H・シャイン 著 / 金井壽宏 監修 / 原賀真紀

子 訳／英治出版

『Self-Determination Theory: Basic Psychological Needs in Motivation, Development, and Wellness』Richard M. Ryan & Edward L. Deci／Guilford Press

『モチベーション3・0 持続する「やる気!」をいかに引き出すか』ダニエル・ピンク 著／大前研一 訳／講談社

『アサーション・トレーニング —さわやかな〈自己表現〉のために』平木典子／日本・精神技術研究所

『プロフェッショナルの条件 ——いかに成果をあげ、成長するか』P・F・ドラッカー著／上田惇生 訳／ダイヤモンド社

『現代の経営 上・下』P・F・ドラッカー／上田惇生 訳／ダイヤモンド社

『7つの習慣 —成功には原則があった! 』スティーブン・R・コヴィー 著／ジェームス・スキナー、川西茂 訳／キングベアー出版

『入門から応用へ 行動科学の展開【新版】—人的資源の活用』P・ハーシィ、K・H・ブランチャード、D・E・ジョンソン 著／山本成二、山本あづさ 訳／生産性出版

『[改訂新版]人間性の心理学 —モチベーションとパーソナリティ』A・H・マズロー 著／小口忠彦 訳／産能大出

版部

　『マズロー心理学入門―人間性心理学の源流を求めて』
中野明／アルテ

　『フロー体験 喜びの現象学 』M・チクセントミハイ 著
／今村浩明 翻訳／世界思想社

　『フロー体験入門 ―楽しみと創造の心理学』M・チクセ
ントミハイ 著／大森弘 訳／世界思想社

　『日本でいちばん大切にしたい会社』坂本光司（あさ出版）

　『期待される管理者像』ジェーン・S・ムートン 著／上
野一郎 訳／産業能率短期大学

　『信頼される現場管理者 ―職場で生かすグリッド方式』
ロバート・R・ブレーク、ジェーン・S・ムートン 著、田
中敏夫、小見山澄子 訳／産能大出版部

　『心のメッセージを聴く―実感が語る心理学』池見陽／
講談社

　『カウンセリングと心理療法 ―実践のための新しい概念
（ロジャーズ主要著作集）』C・R・ロジャーズ 著／末武康
弘、保坂亨、諸富祥彦 訳／岩崎学術出版社

　『クライアント中心療法』C・R・ロジャーズ 著／保坂
亨、諸富祥彦、末武康弘 訳／岩崎学術出版社

　『ロジャーズが語る自己実現の道』C・R・ロジャーズ

著／諸富祥彦、末武康弘、保坂亨 訳／岩崎学術出版社

『キャリアコンサルティング 理論と実際 5訂版』木村周／雇用問題研究会

『現実の社会的構成 —知識社会学論考』ピーター・バーガー、トーマス・ルックマン著、山口節郎 訳／新曜社

『社会構成主義の理論と実践 —関係性が現実をつくる』K・J・ガーゲン 著／永田素彦、深尾誠訳／ナカニシヤ出版

『あなたへの社会構成主義』K・J・ガーゲン 著／東村知子 訳／ナカニシヤ出版

『社会構成主義 キャリア・カウンセリングの理論と実践 ナラティブ、質的アセスメントの活用』渡部昌平 編著／下村英雄、新目真紀、五十嵐敦、榧野潤、高橋浩、宗方比佐子 著／福村出版

『ナラティヴ・セラピー ——社会構成主義の実践』S・マクナミー、K・J・ガーゲン 著／野口裕二、野村直樹 訳／遠見書房

『ナラティヴ・セラピーの会話術：ディスコースとエイジェンシーという視点』国重浩一／金子書房

『ポジティブ心理学の挑戦——"幸福"から"持続的幸福"へ』マーティン・セリグマン 著／宇野カオリ 監訳／ディスカヴァー・トゥエンティワン

『実践 ポジティブ心理学——幸せのサイエンス』前野隆司／ＰＨＰ研究所

『これが答えだ！ ―部下の潜在力を引き出す12の質問』カート・コフマン、ガブリエル・ゴンザレス＝モリナ 著／加賀山卓朗 訳／金井壽宏 解説／日本経済新聞出版

『職場が生きる 人が育つ「経験学習」入門』松尾睦／ダイヤモンド社

『最強の経験学習』デイヴィッド・コルブ、ケイ・ピーターソン 著／中野眞由美 訳／辰巳出版

『恐れのない組織 ――「心理的安全性」が学習・イノベーション・成長をもたらす』エイミー・C・エドモンドソン 著／野津智子 訳／村瀬俊朗 解説／英治出版

『親業 ―子どもの考える力をのばす親子関係のつくり方』トマス・ゴードン 著／近藤千恵 訳／大和書房

『マイクロカウンセリング ―"学ぶ ― 使う ― 教える"技法の統合：その理論と実際』アレン・E・アイビイ 著／福原真知子、椙山喜代子、國分久子、楡木満生、訳編／川島書店

『マイクロカウンセリングの理論と実践』福原眞知子、アレン・E・アイビイ、メアリ・B・アイビイ／風間書房

『マイクロカウンセリング技法 ―事例場面から学ぶ』福原眞知子 監修／風間書房

『人間関係トレーニング —私を育てる教育への人間学的アプローチ』南山短期大学人間関係科 監修 / 津村俊充、山口真人 編 / ナカニシヤ出版

〈 論文 〉

「リアリティ・ショックが若年者の就業意識に及ぼす影響」小川憲彦 / 『『経営行動科学』第 18 巻第 1 号、2005,31–44 頁

「幸福感と自己決定—日本における実証研究」西村 和雄、八木 匡 , RIETI Discussion Paper Series 18–J–026,2018, 独立行政法人経済産業研究所

「人間関係における「プロセス」を再考する —G.Weinstein, E.H.Schein & W.B.Reddy のプロセスの視点より」津村俊充 / 『人間関係研究』第 10 号、2011,137–155 頁

「働く質を高めるための基礎条件—事例研究からの示唆」小野浩 / 『日本労働研究雑誌』No.706,May 2019, 28–41 頁

〈 記事 〉

「十人十色のキャリア選択を支える社会問題提起　多様な生き方・キャリアの選択はなぜ難しいのか —人の幸せを大切にする経営への転換　坂本光司氏」リクルートワークス研究所（2020.11.9）

「民間企業４４０社にみる人事労務諸制度の実施状況」一般財団法人 労務行政研究所 （2018.9.5）